税务绩效管理工作手册·2

管理者做什么

税务绩效管理领导组织推进手册

国家税务总局办公厅◎编

中国税务出版社

图书在版编目（CIP）数据

管理者做什么：税务绩效管理领导组织推进手册 / 国家税务总局办公厅编. -- 北京：中国税务出版社，2017.4
ISBN 978-7-5678-0454-8

Ⅰ.①管… Ⅱ.①国… Ⅲ.①税务部门 - 人事管理 - 中国 Ⅳ.①F812.2

中国版本图书馆CIP数据核字（2016）第181999号

书　　名：管理者做什么——税务绩效管理领导组织推进手册
作　　者：国家税务总局办公厅　编
责任编辑：庞　博
责任校对：于　玲
技术设计：刘冬珂
出版发行：中国税务出版社
北京市丰台区广安路9号国投财富广场1号楼11层
邮编：100055
http://www.taxation.cn
E-mail:swcb@taxation.cn
发行中心电话：(010)83362083/86/89
传真：(010)83362046/47/48/49
印　　刷：北京联兴盛业印刷股份有限公司
规　　格：787 毫米×1092 毫米　1/16
印　　张：10.25
字　　数：113000字
版　　次：2017年4月第1版　　2017年4月第1次印刷
书　　号：ISBN 978-7-5678-0454-8
本册定价：32.00元（全套定价：99.00元）

总序

深入推进税务绩效管理 狠抓领导班子担当作为

从乡镇国、地税税务所到国家税务总局，税务系统有五级机构，共近80万在职干部，管理和服务数以亿计的纳税人，既有“最先一公里”的问题，又有“最后一公里”的问题。如何带好队伍、干好税务？最关键的是要不断加强和改进各级税务机关领导班子建设，形成全系统各级领导班子一级抓一级持续发力、精准助力、传导压力、内生动力的格局。如何形成和保持这种格局，始终是摆在国家税务总局党组面前的一个重大课题。

党的十八大以来，税务总局党组深入学习贯彻习近平总书记关于“完善领导干部考核评价机制”“沉下心来抓落实”和李克强总理关于“促进政府管理方式改革创新”“建立一种长效科学评价机制”等重要指示精神，强化问题意识，突出目标导向，围绕抓班子探索推行横向到边、纵向到底的绩效管理。概括地讲，绩效管理就是管理者和参与者按照绩效计划制订、绩效计划执行、绩效考核评估、绩效改进提升的闭环运行机制持续提升个人、部门和组织绩效的高层次管理活动。“火车跑得快，全靠车头带。” 惟有抓好班子，才能带好队伍；惟有带好队伍，才能干好税务。因此，抓班子可以说是税务部门推行绩效管理的第一要义。三年来，税务绩效管理通过不断深化完善，已将税务总局抓司局和省局、司局抓自身处室和省局对口处室、省局抓处室和市局、市局抓科室和县局等科学有效贯通起来，发挥了以上率下的“头雁效应”、纵横协同的“乘法效应”、层层负责的“传导效应”。

针对上级抓下级班子“不易抓”的问题，突出战略引领，使绩效管理成为抓班子的“指挥棒”。鉴于税务系统层级多、分布广、战线长，上级班子直接抓下级班子存在不小难度，税务绩效管理紧紧围绕到2020年基本实现税收现代化的战略目标、主攻方向和工作着力点，着力将各级班子的心气凝聚起来，同心同向奋进。通过出台一系列绩效管理制度办法，把中央决策部署、税收现代化“六大体系”建设子目标，以党建工作、税收中心工作和绩效管理工作的深度融合为主旨，细化为考评司局、省国税局、省地税局绩效指标；各地税务机关党组结合实际分解形成省考市、市考县绩效指标体系，进一步明确路线图、时间表、任务书、责任状，打造“战略—目标—执行—考评—改进”的完整链条，既形成税收事业长远发展的“战略地图”，又建立上级抓下级班子、推动税收发展的“作战沙盘”，凝聚22个司局、70个省税务局、6647个市县税务局、26673个税务分局的合力，确保不折不扣贯彻落实中央决策部署。

针对班长抓本级班子成员“不好抓”的问题，突出责任共担，使绩效管理成为抓班子的“压舱石”。鉴于班长和成员在同一个班子，朝夕相处，班长抓班子成员可能抹不开面子，税务绩效管理将绩效管理从组织延伸至个人，实行领导班子成员个人绩效与本单位组织绩效挂钩，促进班子成员既抓好分管部门又推动全局工作。在税务总局层面，定期报告各位领导分管司局和省税务局联系点绩效考评成绩，对总经济师、总会计师、总审计师实行绩效考评，将其个人绩效与分管（协管）司局和基层联系点的组织绩效直接挂钩；在总局机关司局和省、市、县税务局层面，主要负责人的个人绩效成绩等同于所在单位的组织绩效成绩，班子副职的个人绩效与其所在单位、分管部门和负责联系的下一级单位的组织绩效挂钩，在整体上、横向上、纵向上有效传导，激励各级班子成员都自觉担当、干事创业。

针对各层级班子“不同抓”的问题，突出连环驱动，使绩效管理成为抓班子的“发动机”。鉴于从税务总局发号施令到基层一线贯彻执行，如果中间环节动力和压力递减，则很难确保落实到位，税务绩效管理通过逐级分解指标、逐层压实责任、逐项开展考评，既在税务总局层面明确每项指标的考评司局、责任处室，又在省、市、县税务局层面明确承接相关指标的责任领导，确保一级抓一级班子，每件工作任务有人管、不落空。同时，注重统筹整体工作考评与重点专项考评、税务系统考评和地方党政考评，把上级对下级、下级对上级、牵头部门对配合部门、社会对税务机关结合起来，并将外部监督、审计、巡视、督查等发现的问题纳入绩效考评，一环套一环，环环相扣，形成一个立体化、开放式、多维度的动力系统，就像高铁把发动机安装在每节车厢一样，促进各级各部门联动协同。

针对以往只在年终考班子“不常抓”的问题，突出过程管控，使绩效管理成为抓班子的“监测器”。鉴于过去对班子一年一考，属于事后考，缺乏事前、事中监管，不利于抓常抓细抓长，税务绩效管理对绩效指标从数量、质量、进度、效果等维度确定考评标准，按月、季、半年、全年实施考评，形成常态化抓班子机制。既明确“做什么”“怎么做”，又明确“做好会怎样”“做不好怎么样”，并依托绩效管理信息系统实时公布考评成绩，变以前的年终“算总账”为全程“算细账”。同时，坚持“无差异就无管理”，采取分档方式考评，对工作落后单位提出工作改进建议、对工作先进单位晒出其做法作为标杆，既防止考评部门搞“你好我好大家好”，又促进被考评单位同台“比拼”、扬长补短。实行“一把手”至少每季度主持召开一次绩效讲评会议，班子副职定期对分管部门和联系点考评情况进行分析讲评，对越是税收工作中的不足和薄弱环节，越是加大绩效考评力度，促进各级班子及时补齐短板、持续提升绩效。

针对抓班子奖惩措施有限“不硬抓”的问题，突出结果导

向，使绩效管理成为抓班子的“生命线”。鉴于过去考核对抓班子的成效缺乏激励约束手段，往往导致“干与不干、干多干少、干好干坏一个样”，税务绩效管理将绩效考评结果运用与干部任用、评先评优、公务员年度考核挂钩，与推进领导干部能上能下相结合，并将抓好绩效考评工作纳入绩效考评，确保考实用好，促进能者上、庸者下、劣者汰。在年度绩效考评结果运用中，税务总局对组织绩效考评排名前两位的司局和省国税局各增加1个副厅级干部晋升职数、后两位的相应各减少1个副厅级或正处级干部晋升职数，司局和省国税局主要负责人公务员考核优秀等次人选均产生自组织绩效优秀单位，其他人员职务晋升、评先评优也优先考虑个人绩效优秀人员。税务总局在以身作则的同时，督促指导各省、市、县税务局将绩效考评结果运用好，并通过实行督查督办与绩效考评相融合机制，对督查发现落实重大税收政策工作不力的干部严肃问责，进一步强化让愿干事、会干事、干成事者脱颖而出并受到嘉奖，让慢作为、不作为、乱作为者浮出水面并受到惩戒的正效应。

“涓滴积至沧溟水，拳石垒成泰华岑。”三年来，通过绩效管理抓班子进而推动班子抓下一级班子，为贯彻执行中央决策部署、落实税收改革发展重任提供了有力保障。张高丽副总理对税务系统作出重要批示，从“体现了‘三严三实’要求”的高度给予肯定；杨晶国务委员先后四次作出重要批示，从“对新常态下创新政府部门行政管理有借鉴意义”的高度给予肯定。中央编办“机关事业单位严格绩效管理课题组”负责同志，对税务绩效管理给予充分肯定；各省区市党委政府领导同志对税务绩效管理作出批示肯定；中央全面深化改革领导小组办公室《改革情况交流》、新华社《国内动态清样》《瞭望》周刊进行正面报道推介；在第十届税收征管论坛大会上，国外同行给予积极评价。

本套手册紧紧围绕绩效管理抓班子、促落实的功能定位，以强化各级税务机关班子及有关部门作为管理者的责任为重点，以培育广大税务干部职工绩效管理理念和行为方式为基础，以营造激发活力、增强动力、“人人向上共树税务形象”浓厚氛围为依归，力争把展示内容的全面性、精炼性、针对性与展现方式的图表化、形象化、通俗化结合起来，把抓班子、促落实的功能定位与带好队伍、干好税务的根本要求统筹起来，从而形成各有侧重、相互联系、整体作用的税务绩效管理“小百科全书”。其中：《每个人的绩效》从“是什么”的角度，侧重于普及全员应知应会内容，为“抓班子”奠定基础；《管理者做什么》从“做什么”的角度，侧重于介绍领导组织推进内容，为“班子抓”提供指引；《绩效点亮梦想》从“做得怎样”的角度，侧重于反映税务绩效管理取得的成效，为“抓班子”和“班子抓”提供经验借鉴。希望各级税务机关领导班子和广大税务干部认真阅读学习这套手册，更好发挥主观能动性、更有创造精神地深入推进税务绩效管理，特别是通过狠抓全国税务系统各级领导班子担当作为，以上率下打造能征善战的税务铁军。

凡是过去，皆为序章。税务绩效管理仍存在一些问题和不足，需要持续改进。全国税务系统将矢志不渝地推进绩效管理，助力税收改革发展，奋力续写为国聚财、为民收税的新篇章！

国家税务总局党组书记、局长

2017年3月

编者的话

担起税务领路人的责任

习近平总书记指出，我们比历史上任何时期都更接近中华民族伟大复兴的目标，比历史上任何时期都更有信心、有能力实现这个目标。

李克强总理指出，我们不仅要爬坡过坎，还要行稳致远，集亿万人民的勇气、智慧和力量，续写“中国故事”新的传奇，实现中华民族伟大复兴的中国梦。

这是一个书写史诗的伟大时代，治国理政新实践的光辉映照中华大地。税收在国家治理中发挥基础性、支柱性、保障性作用，躬逢中华民族伟大复兴机缘的每一位税务人，肩负为国聚财、为民收税的神圣使命。

筑梦路上，“关键少数”是领路人。税务绩效管理为各级税务机关领导干部担当作为、领航税收发展提供有效抓手，运用好这一“指挥棒”，管理者责无旁贷。不同的管理岗位，不同的管理责任，唯有悉知该做什么，管其应管、理其应理，方能更有章法、更有质效地履职尽责。

不忘初心，继续前进。担起税务领路人的责任，持续改进留铁痕，踏平坎坷成大道，定可让税收现代化蓝图变现实。

《税务绩效管理工作手册》编委会

主　编

王陆进

副主编

程俊峰　付树林

成　员

王跃伟　何　强　赵　滕　张济涛

徐古嵩　肖　军　张　莉　郑华兵

张万刚　王　烨　陈　曦　王　川

谢自强　吕进梁

目　录

决策部署篇

绩效管理的源动力

中央文件规定

中央领导讲话

中央文件规定

◎ 2012年11月8日党的十八大报告

创新行政管理方式，提高政府公信力和执行力，推进政府绩效管理。

◎ 2013年11月12日党的十八届三中全会《中共中央关于全面深化改革若干重大问题的决定》

严格绩效管理，突出责任落实，确保权责一致。

◎ 2013年3月20日国务院第一次全体会议通过的《国务院工作规则》

国务院及各部门要推行绩效管理制度和行政问责制度，加强对重大决策部署落实、部门职责履行、重点工作推进以及自身建设等方面的考核评估，健全纠错制度，严格责任追究，提高政府公信力和执行力。

◎《2014年国务院政府工作报告》

完善政绩考核评价体系。

◎《2015年国务院政府工作报告》

完善政绩考核评价机制，对实绩突出的，要大力褒奖；对工作不力的，要约谈诫勉；对为官不为、懒政怠政的，要公开曝光、坚决追究责任。

◎ 2015年10月29日党的十八届五中全会《中共中央关于制定国民经济和社会发展第十三个五年规划的建议》

深化干部人事制度改革，完善政绩考核评价体系和奖惩机制，调动各级干部工作积极性、主动性、创造性。

◎《2016年国务院政府工作报告》

健全并严格执行工作责任制，确保各项政策和任务不折不扣落到实处。健全督查问责机制，坚决整肃庸政懒政怠政行为，决不允许占着位子不干事。健全激励机制和容错纠错机制，给改革创新者撑腰鼓劲，让广大干部愿干事、敢干事、能干成事。

◎《2017年国务院政府工作报告》

严格执行工作责任制，特别是对重点任务，要铆紧各方责任、层层传导压力，确保不折不扣落实到位。强化督查问责，严厉整肃庸政懒政怠政行为。健全激励机制和容错纠错机制，给干事者鼓劲，为担当者撑腰。

中央领导讲话

◎ 习近平总书记指示

抓落实是领导工作中一个极为重要的环节，是党的思想路线和群众路线的根本要求，也是衡量党员领导干部世界观正确与否和党性强不强的一个重要标志。

要抓好工作落实，必须完善领导干部考核评价机制，对干部干与不干、干好干坏、干多干少要有明确的区分，褒奖那些埋头苦干、狠抓落实的干部，教育和调整那些只尚空谈、不干实事的干部，问责和惩处那些因弄虚作假、失职渎职造成重大损失和严重后果的干部，努力营造崇尚实干、恪尽职守、勇于奉献的工作氛围。

——2011年3月1日在中央党校春季学期开学典礼上的讲话

要改进考核方法手段，既看发展又看基础，既看显绩又看潜绩，把民生改善、社会进步、生态效益等指标和实绩作为重要考核内容，再也不能简单以国内生产总值增长率来论英雄了。

——2013年6月28日在全国组织工作会议上的讲话

党员干部要心存敬畏，手握戒尺，自觉用党的纪律约束自己。各级党组织要加强对党员干部的教育监督，用好选人用人考核这根杠杆，引导党员干部堂堂正正做人，老老实实干事，清清白白为官。

——2014年5月10日在河南考察时的讲话

各级党组织要旗帜鲜明肯定表彰锐意进取的干部，教育帮助“为官不为”的干部，支持和鼓励干部一心为公、兢兢业业、敢于担当。如果失职渎职给党和人民事业造成损失的，必须严肃处理。

——2014年10月8日在党的群众路线教育实践活动总结大会上的讲话

崇尚实干、狠抓落实是我反复强调的。如果不沉下心来抓落实，再好的目标、再好的蓝图，也只是镜中花、水中月。

——2014年10月对全国党委秘书长会议的批示

要完善考核评价和激励机制，既鼓励创新、表扬先进，也允许试错、宽容失败，营造想改革、谋改革、善改革的浓郁氛围。

——2015年10月13日在中央全面深化改革领导小组第十七次会议上的讲话

要更广泛更有效地调动干部队伍积极性。这个问题极为重要，现在看来也十分紧迫。党的干部是党的事业的骨干。总的看，我们的干部队伍素质不断提高、结构明显改善，总体上适应事业发展需要……当前干部队伍也存在种种复杂情况，一个突出问题是部分干部思想困惑增多、积极性不高，存在一定程度的“为官不为”。对这个问题，我们要高度重视，认真研究，把情况搞清楚，把症结分析透，把对策想明白，有针对性地加以解决。

——2016年1月18日在省部级主要领导干部学习贯彻党的十八届五中全会精神专题研讨班上的讲话

对经济社会发展进行指导，把谋划大事和制定具体政策紧密结合起来，加强责任分工，一锤一锤钉钉子，直到产生实际效果。

——2017年2月28日在中央财经领导小组第十五次会议上的讲话

◎ 李克强总理指示

政府说到就要做到，不能“放空炮”。国务院做出的决定一定要不折不扣地执行，决不能搞变通，各级都要加大督查力度，没有做到的要问责，不能当无所作为的“太平官”。

——2013年3月20日在新一届国务院第一次全体会议时的讲话

中国的发展成就是靠实干苦干干出来的。千条万条，不抓落实就是“白条”；千招万招，不抓落实也是“空招”。

——2014年开展重大政策措施落实情况第二次大督查时的讲话

要用第三方评估促进政府管理方式改革创新，通过加强外部监督，更好地推动国务院各项政策的落实。有关部门要逐步尝试，将更多社会化专业力量引入第三方评估，进一步加强对政策落实的监督、推动，不断提高政府的公信力。

——2014年8月27日在国务院常务会议上的讲话

身在岗位不作为，拿着俸禄不干事，庸政懒政怠政，也是一种腐败。

——2015年2月9日在国务院第三次廉政工作会议上的讲话

要建立一种长效科学评价机制，抛掉“短平快”考核标准，摘掉“急功近利”的帽子。

——2015年5月7日在中科院物理研究所考察时的讲话

尸位素餐、无所作为是典型的吏治腐败，这样的干部应该追责！

——2015年7月8日在国务院常务会议上的讲话

对于引导地方干部以发展为第一要务，落实新发展理念，督查的导向作用非常明显。督查已经成为促发展的“利器”。

——2016年10月31日在听取国务院第三次大督查情况汇报时的讲话

领导班子篇

绩效管理的领导力

局党组

绩效管理工作领导小组

绩效考评委员会

“一把手”

班子副职

绩效管理分管领导

领导干部的PDCA

领导干部的软件操作

局党组

要充分发挥绩效管理的“指挥棒”和激励约束作用，科学严格考评，推动工作落实和提质增效。

要注重统筹当年考评与前后年度考评结果的运用，统筹整体工作考评与重点专项考评，统筹税务系统考评与地方政府考评，统筹前任领导和新任领导的绩效考评。这样上下、左右、前后等都挂起钩来，形成更加科学严密、环环相扣的激励约束机制。

绩效管理的核心要义是差异管理、持续改进。我们推行三年多，升级5个版本，越来越尝到“甜头”。着力实施好5.0版绩效管理，更进一步发挥抓班子、促落实的作用，一是改进好短板；二是编制好指标；三是实施好考评；四是运用好结果。

各级税务机关要配齐配强绩效办人员。人员配备如果不到位，就属于“严重违纪”，要从重扣分。哪个局人员配备问题解决不了，可以直接向我提出来，我来向省局“一把手”协调。干成一件事，不下点狠心是不行的。在绩效办人员配备上，绝不能含糊。

——王 军

绩效管理工作在税务总局党组统一领导下开展。各级税务局党组应加强对绩效管理工作的组织领导，定期听取绩效管理工作汇报，研究绩效管理重大事项。“一把手”是绩效管理工作的第一责任人，班子成员对分管范围内的绩效管理工作负主要领导责任。

税务总局负责绩效管理顶层设计和总体规划，并对税务总局机关各司局和各省税务局实施绩效管理；各司局和各省税务局按照税务总局党组统一部署，向下延伸，形成下管一级、分级实施的绩效管理工作格局。

及时制定年度工作重点，指导编制绩效计划。

对税务总局机关司局设置“领导考评”绩效指标，由税务总局领导分上下半年两次，从“落实重点工作任务”“提升工作效能”“创新改进工作”三个维度对各司局工作开展情况进行无记名测评，每个维度的测评分值分别占40%、30%、30%。每个维度设定为“非常满意”“满意”“比较满意”“不满意”四档，分别得测评分值的100%、90%、80%、60%。局领导在考评时，每个维度中获评“非常满意”档次的司局不超过7个（含7个）。在计算司局考评得分时，税务总局主要负责人、分管局领导、其他局领导各占1/3的权重。被考评单位测评成绩在平均值以上的，得满分；在平均值以下的，最多扣该指标标准分值的5%，按下列公式计算：

指标扣分=（平均值−本单位测评成绩）÷（平均值−最低成绩）×标准分值×5%

对省税务局设置“领导考评”绩效指标，按照以上相同原理进行考评。严格审定并用好绩效考评结果，做实考评问责。

建立健全绩效管理工作组织机构，成立领导小组和考评委员会，配齐配强绩效办人员，加强全员绩效业务培训和绩效文化建设。

小贴士

税务总局对绩效管理队伍建设的要求

一是绩效办应配备专兼职人员，并保持人员相对稳定。其中：省税务机关绩效办配备3名以上专职人员，市税务机关绩效办配备3名专职人员。专职人员应是本级机关正式在编人员，并且专事绩效管理工作。县税务局绩效办原则上配备3名专兼职人员。专兼职人员，不能全部是兼职人员，并且兼职人员应以绩效管理工作为主，不能随便挂名，“一个锅盖来回盖”。直辖市和计划单列市所辖区县局，可以按照地级市所辖区县局要求配备绩效管理人员。其他部门要明确绩效联络员，要在全系统各层级建立以绩效专干为主、绩效联络员为辅的绩效管理干部队伍。二是要安排绩效办主任参加局务会、局长办公会等重要会议，让其熟悉掌握全局工作情况。三是要加强绩效业务培训，将绩效培训范围拓展到各级部门和全体干部，在各类领导干部培训中将绩效管理作为教学内容。四是要建立绩效管理人才库和师资队伍。五是要严管善待绩效管理人员，为绩效办单设评先评优名额，加大对绩效专职人员的培养使用力度。

绩效管理工作领导小组

绩效管理工作领导小组是绩效管理工作的领导机构，在局党组统一领导下开展工作。县以上各级税务机关成立绩效管理工作领导小组，主要负责人任组长，相关负责人任副组长，有关部门负责人为成员。领导小组定期召开会议，研究绩效管理重大问题。其主要职责是：

- 统筹部署和指导绩效管理工作；
- 审定绩效管理发展规划及制度规范；
- 审定年度绩效计划、考评指标及工作方案；
- 督导绩效管理实施；
- 审定年度绩效考评结果及运用建议；
- 研究决定绩效管理工作中的其他重大事项。

小贴士

税务总局绩效管理工作领导小组，由税务总局局长任组长，分管绩效、人事的局领导任副组长，税务总局办公厅、政策法规司、纳税服务司、征管和科技发展司、人事司、机关党委、电子税务管理中心主要负责人为领导小组成员。

绩效考评委员会

绩效考评委员会是绩效管理的审议复核机构，在领导小组领导下开展工作。

税务总局绩效考评委员会，由税务总局分管绩效管理工作局领导、相关司局和省税务局负责人及系统外专家代表组成，负责对税务总局绩效管理重大事项的审议和裁定。

- 主要职责。研究审议税务总局年度绩效指标及考评规则等制度办法；分析评估绩效管理运行工作，对绩效考评中的问题提出改进意见；研究审议绩效考评中的争议事项，对被考评单位申诉事项提出裁定意见；研究审议税务总局对机关司局和省税务局年度组织绩效考评结果，报领导小组审定；负责领导小组交办的其他事项。

◆ 议事规则。绩效考评委员会主要采取全体会议和专题会议形式开展工作。

全体会议由考评委员会主任主持召开，全体委员参加。主要任务：审议年度绩效考评指标、考评规则等制度体系；审议年度绩效考评结果，形成需提请领导小组或税务总局党组决定的意见建议。全体会议原则上每年召开两次，分别于年初和年终召开，如需研究重大事项，可由考评委员会主任提议不定期召开。

专题会议由考评委员会主任或其授权副主任主持召开，部分委员参加。主要任务：分析评估绩效管理推进工作，通报指标考评及绩效运转情况；裁定绩效考评争议事项。

绩效考评委员会讨论其成员所在单位的相关议题时，有关委员除需要陈述外，应当回避。会议研究议定和裁定的事项，应形成会议纪要并报领导小组。根据实际需要，考评委员会有关专项工作安排，经主任批准后可直接交由税务总局绩效办组织实施。

◆评议核查组。考评委员会组建专家人员库。专家人员库人员除系统外专家外，由税务总局各司局和省税务局1名分管绩效管理工作的司局领导和1名负责绩效管理工作的处级干部组成。

考评委员会专家人员库人员负责对绩效管理日常运转情况的评议和核查工作。根据工作需要，绩效办随机从专家人员库抽取人员组成评议核查组。

对税务总局机关司局纳入考评的重点工作任务完成情况进行评议。对税务总局机关司局的考评职责履行情况进行核查。完成考评委员会交办的其他事项。

评议核查组开展评议核查时，相关司局可向评议核查组陈述有关情况。

考评委员会会议原则上每季度召开一次，审议税务总局绩效办根据绩效管理运行情况及税务总局机关司局和省税务局意见建议形成的议题。

省级税务机关应设立绩效考评委员会，负责对绩效管理重大事项的审议和裁定。市级税务机关可根据工作需要参照执行。

“一把手”

各级税务机关主要负责同志是绩效管理第一责任人，要亲自抓，定期主持召开绩效分析讲评会议，把抓绩效管理与抓重点工作落实融为一体，运用好绩效管理这个有效手段，推动税收工作提质增效。

各司局、各省局“一把手”要亲自上阵，在抓总结、抓改进、抓升级上下功夫，树立起奖勤罚懒的好导向，凝聚起干事创业的正能量，充分发挥绩效管理“指挥棒”作用，真正让“混日子的时代一去不复返”，持续推动各项税收工作不断实现新突破、迈上新台阶！

编制绩效管理指标体系，务必精细统筹、加快进度，确保突出重点改革事项和重要工作内容，编到关键点上，考到短板、痛点、堵点上。各司局、各省局主要负责同志要亲自研究、形成共识。

——王军

绩效管理是"'一把手'工程"，各单位"一把手"是绩效管理工作第一责任人，要重视绩效管理，负总责、亲自抓，重要工作要亲自部署、重大问题要亲自过问、重要环节要亲自协调，全程参与指标研究、查找问题、整改提高环节，着力形成领导示范、上行下效的生动局面。

亲自审查绩效管理发展规划、制度规范和年度绩效计划、考评指标及工作方案。

定期听取绩效管理工作汇报，研究绩效管理重大事项。

主持召开绩效管理工作领导小组会议。对绩效管理重大事项，如绩效管理发展规划，全年绩效管理工作的统筹部署，绩效管理制度规范和年度指标体系等，应组织召开绩效管理工作领导小组会议进行审定。

组织召开绩效分析讲评会议。原则上至少每季度主持召开一次绩效分析讲评会议（季度结束后首月内召开），对全局绩效管理工作进行讲评，并提出工作要求。

严格督导绩效管理实施。以身作则，牢固树立问题导向，深入基层、深入实际、深入干部，掌握实情、发现问题，及时研究解决。

主动过问年底考评评比和结果运用。尤其是要把结果运用作为绩效管理的生命线和检验本单位动真碰硬抓绩效管理的"试金石"。既要强化正向激励，也要建立“末位受责”约束机制，对绩效不佳者敢于板起脸来批评，狠下心来问责，切实维护绩效管理公信力和执行力。

小贴士

如何开展绩效分析讲评

各级税务机关及其内设部门要对绩效管理运转情况、绩效计划执行情况、绩效指标落实情况、重点任务完成情况、绩效改进提升情况等开展分析和评价。税务总局机关各司局应在每项指标考评结束后，撰写《指标考评情况分析》，并经司局主要负责人签字确认后反馈绩效办；各省税务局应按季度形成绩效考评分析报告并报税务总局绩效办。

◇讲评周期。各级税务机关和税务总局机关司局主要负责人原则上每季度主持召开一次绩效分析讲评会议，针对绩效管理运转、重点工作任务落实、履职效能等情况开展日常分析并形成会议纪要，切实把抓绩效管理与抓重点工作落实融为一体。机关绩效讲评会议，至少每季度召开一次；系统绩效讲评会议，至少每半年召开一次。

◇讲评会议。绩效讲评会议，主要是通报讲评绩效任务完成情况，研究落实重点工作，解决绩效管理相关问题。分为机关绩效讲评和系统绩效讲评两类。

机关绩效讲评会议的基本程序：绩效办通报绩效管理工作总体

情况。责任处室结合实际工作，汇报绩效任务完成情况，分析存在问题，提出意见建议和下一步措施等。各分管局领导对分管处室绩效管理工作进行点评。主要负责同志对全局绩效管理工作进行讲评，并提出工作要求。

系统绩效讲评会议的基本程序：绩效办通报绩效管理及考评工作情况。相关单位汇报绩效管理工作运行情况。分管局领导对联系点单位绩效管理工作情况进行点评。主要负责同志对各单位绩效管理工作进行综合讲评，并提出工作要求。

绩效讲评会议要把抓绩效管理与抓重点工作落实融为一体，以分析考评中发现的问题为着力点，不仅查找工作层面的问题，更要查找体制机制上的问题，不能只查找下级的问题，更要查找本级的问题，不仅分析表面现象，更要分析深层次原因，把问题找准、找实、找到位。对查找出的问题，要明确责任单位、责任人和整改时限，切实做到抓一件改一件、改一件成一件，确保绩效改进效果让干部职工看得见、感受得到。

小贴士

统筹当年考评和前后年度考评

为进一步强化新任主要领导抓好绩效管理、提升税收工作业绩的责任，税务总局实行前任领导与新任领导考评相结合机制，建立督促新任领导研究改进指标的机制，要求各单位新任主要领导按更高标准，对承接上级指标和对下考评指标进行研究完善，并将有关情况报送税务总局绩效办，作为绩效管理专项考评的参考依据，促进新任主要领导更高质效抓好税收工作。根据绩效考评规则，省税务局当年度指标考评成绩排名比上一年度提升3～5位的，加0.1分；提升6～8位的，加0.3分；提升9位（含）以上的，加0.5分。对当年度指标考评成绩排名继续保持在前3位的，加0.5分。

班子副职

班子副职既要充分运用绩效管理“指挥棒”抓好分管部门和联系点的工作，又要对推动分管部门和联系点绩效管理工作运转切实负起领导责任，更要在“分兵把关”的同时从全局大局上把握，维护班子团结，善于“合兵一处”，形成抓落实、提绩效的合力。

分解落实上级机关绩效考评责任。作为上级机关绩效指标分解定责的责任领导，要全面深刻了解和分析上级机关考评指标，主动采取措施加以落实，让上级部署在指标和责任分解中得以落地。

组织分管部门科学编制绩效考评指标。结合管理职责和工作重点，加强对指标设置的评估和监督，指导和督促分管部门建立相应的指标设置机制和程序，对指标进行审核把关，做到科学合理、符合税收实际，力戒“上下一般粗”，防止不切实际“层层加码”。在承接上级税务机关的绩效指标时，要带头落实责任，并主动协调相关部门做好指标的分解定责工作，使每项指标都与责任主体相匹配，防止主体错位，保证责任落实。

按照责任分工抓好指标落实。经常督促分管部门和联系点抓好日常监控、分析讲评、监督检查、绩效沟通等工作，促进更高质、更高效地落实税收工作。

小贴士

税务总局领导关心关注绩效考评机制。绩效办及时向税务总局领导报告其分管司局和省局联系点绩效考评情况，以便税务总局领导掌握状况，加强指导。

强化舆情管理。在抓工作落实的同时要强化舆情意识，有效防范和妥善处置涉税负面舆情。

落实个人绩效管理职责。按月或按季根据分管部门的副职个人工作记实情况，对其进行评鉴，并对其工作努力程度进行测评。

履行绩效考评职责。经常关注分管部门工作完成情况、指标考评分析情况，按有关指标考评规定履行相关职责。

参加绩效管理工作领导小组会议、绩效分析讲评会议。按照绩效分析讲评制度，各分管局领导要对分管处室绩效管理工作进行点评。

绩效管理分管领导

各级税务机关“一把手”是绩效管理的第一责任人，同时明确和固定一名副局长为第二责任人，办公室或人事部门一名领导为本级绩效办专职负责人。

——王军

分管绩效管理工作的领导对绩效管理工作负直接领导责任，应督促抓好设置指标等重点工作的落实。

履行考评委员会主任职责。组织好、主持好绩效考评委员会会议。对重大事项的审议和裁定，如审议年度考评指标和考评规则等制度体系、调整考评指标、优化加减分考评、裁定争议事项时，组织充分讨论、达成共识，做到科学审议、公正评判。对研究议定和裁定的事项，督促绩效办及时形成会议纪要并报领导小组。

抓好指标设置。按照统一领导、分级管理、下考一级的原则，积极指导绩效办协调考评部门做好绩效指标的科学设置工作，既要全面承接税务总局指标、保证税务总局指标落地、完成税务总局规定任务，又要结合本单位的管理职责和工作重点进行指标再造。

持续改进考评运转。统筹安排、周密组织，认真落实考评规则，规范考评程序，严肃考评纪律，抓紧抓实组织和个人绩效的考评工作，努力形成群众认可、公正可比的考评结果。

加强指导督导。每半年至少讲授一次绩效管理课程，按月对绩效管理工作进行研究和督导。以分析考评中发现的问题为着力点，把问题找准、找实、找到位，对查找出的问题，明确责任单位、责任人和整改时限，切实做到抓一件改一件、改一件成一件。

小贴士

税务总局将各省税务局分管绩效管理工作的局领导抓绩效管理工作的次数、力度和质效纳入对各省“绩效管理”指标的考点。

领导干部的PDCA

PDCA是英语单词Plan（计划）、Do（执行）、Check（检查）和Action（行动）的第一个字母组合，它是绩效管理应遵循的科学程序。每个单位、每位干部以PDCA的闭环加强自我管理、自我改进、自我提升，就可实现螺旋式上升。

领导干部的“P”环节：根据税收现代化战略目标、上级重大决策部署和重点工作安排，确定本单位绩效计划和年度工作重点，作为考评部门和绩效办编制绩效考评指标的主要依据。

领导干部的“D”环节：加强对分管工作的跟踪检查，推动重点工作落实。

领导干部的“C”环节：加强绩效沟通，掌握分管部门和联系点的工作开展情况，对需要审核的考评结果和争议内容及时进行审定。

领导干部的“A”环节：积极参与绩效分析和讲评，发现薄弱环节，确定整改措施，抓好持续改进。

领导干部的软件操作

领导班子成员可以通过绩效管理信息系统监控本级及下级税务机关在指标任务分解落实和指标考评进度方面的信息，包括指标分解落实情况、指标考评监控、待办提醒。同时，可以实时查询、统计、分析指标考评进度和加减分情况，自动化生成相关报表。

■ 指标查询

【功能介绍】可查询指标的名称、标准、周期、责任部门等要素，并可通过数据挖掘查看该指标考评结果等详细信息。

【操作流程】点击“查询分析—指标查询—指标明细查询”，选择“考评年度”“方案名称”“指标分类”等查询条件，点击“查询”，下方显示符合查询条件的所有指标，其“详细情况”和“完成情况”可点击链接至具体情况。

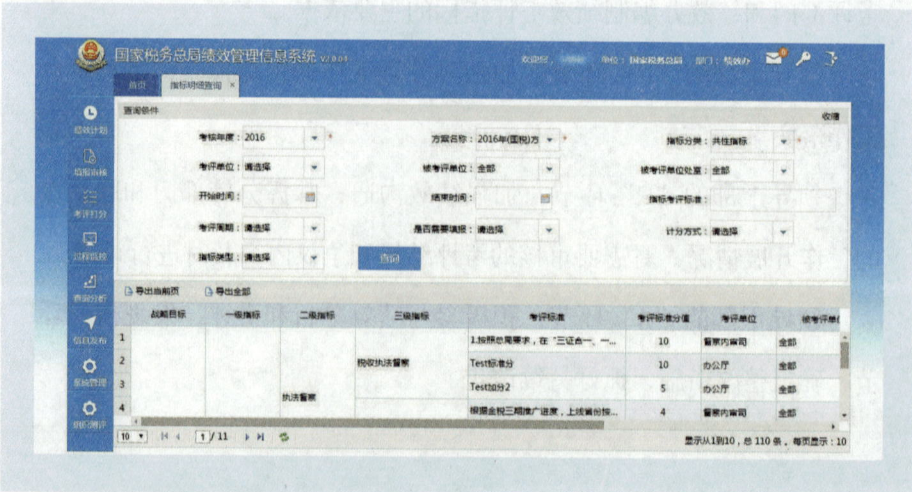

【补充说明】

（1）系统指标均为共性指标。

（2）被考评单位选择为“全部”时，指标详细情况中“指标各周期得分”选项必须为空（否则无查询结果）；只有选择特定被考评单位时，该处方可选择。

■ 考评成绩查询

【功能介绍】查询一定时间段内各方案下被考评单位的累计考评成绩。

【操作流程】查询分析—考评情况查询—考评成绩查询。点选“方案类型”“方案名称”，点击“查询”。

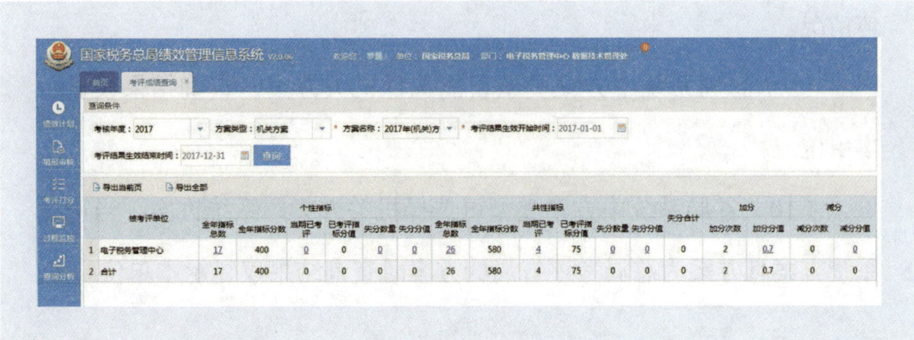

【补充说明】

（1）“方案类型”分为“系统方案”（被上级单位考评和对下级单位考评）和“机关方案”（对本级机关考评）。

（2）“方案名称”为具体的考评对象，如税务总局用户在选择“系统方案”前提下，可选择“对省国税局考评”或者“对省地税局考评”。

（3）考评结果生效开始时间、考评结果生效结束时间，系统默认为1月1日至12月31日，查询出的成绩为截至当前的实时累计成绩。

（4）所有指标数量均指三级指标数量。

（5）当期已考评：在当前查询时间内，对考评打分审核完成的记录，算1条。如开始时间是1月1日，结束时间是2月1日，考评周期为月的指标，1月已考评打分审核完成，则此条指标算1条；若结束时间为3月1日，虽然月度指标已完成考评2次，但该指标仍算1条。

（6）已考评指标分值：所有已考评指标的分值和。

（7）失分数量：所有失分指标三级指标数目，可点击链接查询具体情况。

（8）失分分值：所有三级指标失分分值和，可点击链接查询具体情况。

（9）总局系统中方案类型仅能选择机关方案，查询结果仅显示本单位。

（10）省局系统中方案类型可选择机关方案、系统方案，当选择系统方案且方案为总局考评省局的方案时查询结果仅显示本单位。

■ 加减分查询

【功能介绍】可查看上级系统方案、本级各方案下某周期内的加减分申报、提报、审批情况。

【操作流程】绩效分析—考评情况查询—加减分查询，点选“方案名称”“查询”。

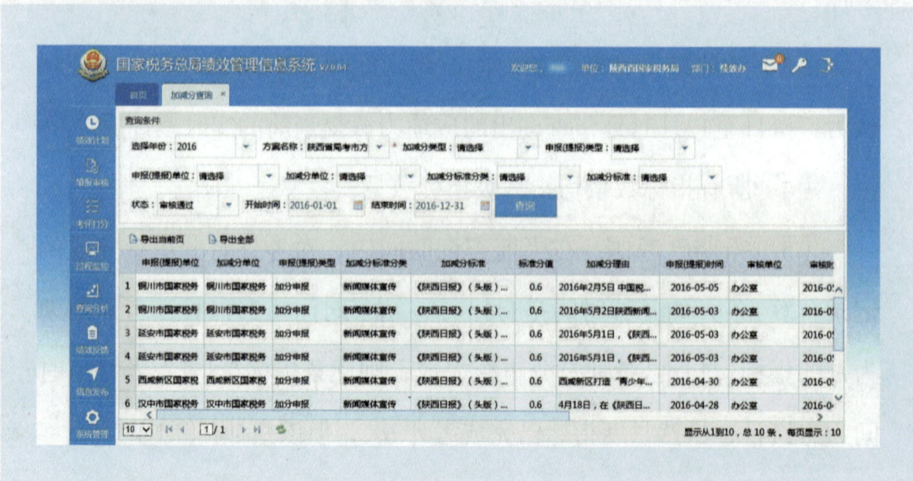

【补充说明】

（1）在“状态”为空的情况下，查询的结果包括未审核、审核通过、审核不同意、审核退回、复核同意、复核不同意、复核退回状态下的所有结果。

（2）申报（提报）单位：指查询方案下的所有加减分申报单位（部门）和加减分提报部门，与查询出的表格中第一列包含内容一致。

（3）开始时间、结束时间表示的是终审所含时间段。

■ 考评单位加减分查询

【功能介绍】可查看本级各方案下本单位（部门）负责审核的加减分申报、提报、审批情况。

【操作流程】查询分析—考评情况查询—考评单位加减分查询，点选“方案名称”“查询”。

■ 被考评单位加减分查询

【功能介绍】可查看上级系统方案、本级各方案下给本单位的加减分申报、提报、审批情况。

【操作流程】查询分析—考评情况查询—被考评单位加减分查询，点选“方案名称”“查询”。

■ 总体情况分析

【功能介绍】可查询本级所有考评方案中已考指标数、指标总数及考评比例。

【操作流程】点选“查询分析—绩效分析—总体情况”，选择“考评年度”“考评结果生效开始时间”“考评结果生效结束时间”

等查询条件，点击“查询”。

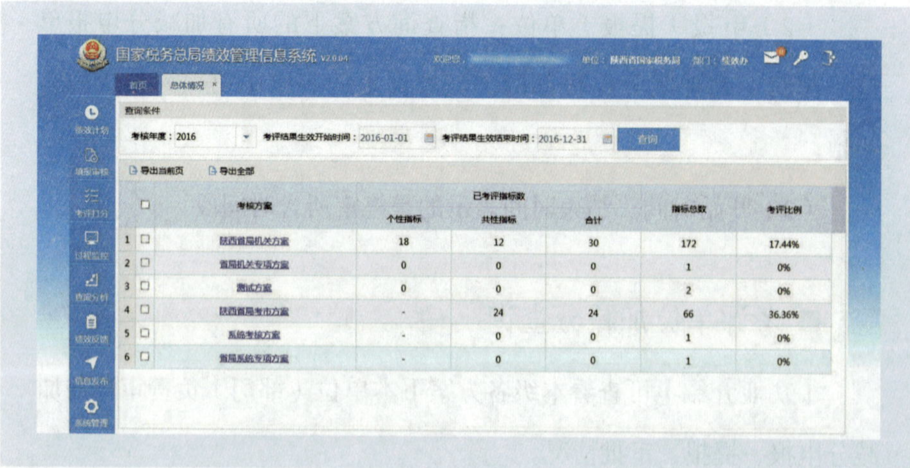

【补充说明】

（1）考评方案可点击链接，机关方案按照被考评单位显示具体查询指标的考评情况，指标考评情况统计页面中数值均可点击链接；系统方案可按照考评部门查询或按照被考评单位查询。

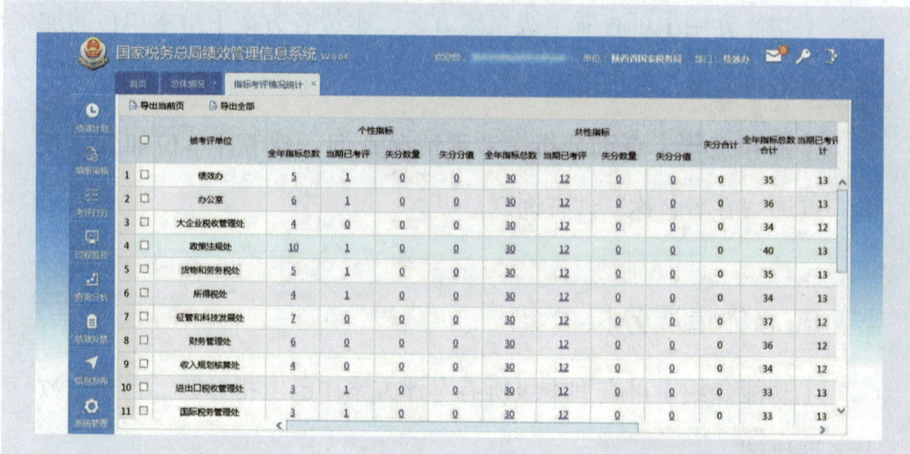

（2）“当期已考评”指标个数统计口径为三级指标，即三级指标中只要有一个考点已考评，就被统计在内。

■ 上级考评分析

【功能介绍】可查询承接上级考评指标数量、需要填报数量和本期应填报、已填报、未填报指标数量。

【操作流程】点选“查询分析—绩效分析—上级考评分析”，选择“考评年度”“考评结果生效开始时间”“考评结果生效结束时间”等查询条件，点击“查询”。

【补充说明】本期未填报数量的统计口径：计划完成时间在查询时间段内没有进行填报的三级指标。

■ 机关考评分析

【功能介绍】可查询本级机关方案内指标及加减分情况。

【操作流程】点选“查询分析—绩效分析—机关考评分析”，选择“考评年度”“方案名称”“考评结果生效开始时间”“考评结果生效结束时间”等查询条件，点击“查询”。

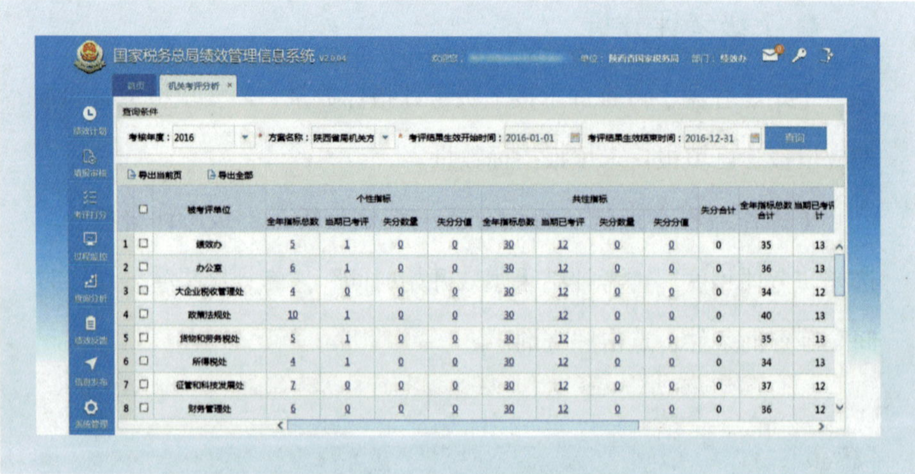

【补充说明】所有数量显示均可点击链接明细情况。

■ 系统考评分析

【功能介绍】可查询对下级考评方案内指标及加减分情况。

【操作流程】点选“查询分析—绩效分析—机关考评分析”，选择“考评年度”“方案名称”“考评结果生效开始时间”“考评结果生效结束时间”等查询条件，点击“查询”。

【补充说明】可分别按照考评部门查询和按照被考评部门查询。

■ 绩效分析报告（总局）

【功能介绍】对税务总局机关考评、税务总局考评省国税局系统指标、税务总局考评省地税局系统指标按月进行成绩汇总，并生成月度绩效分析报告。

【操作流程】

（1）点选“查询分析—绩效分析报告”，选择“考评年度”“考评月份”，点击“查询”。

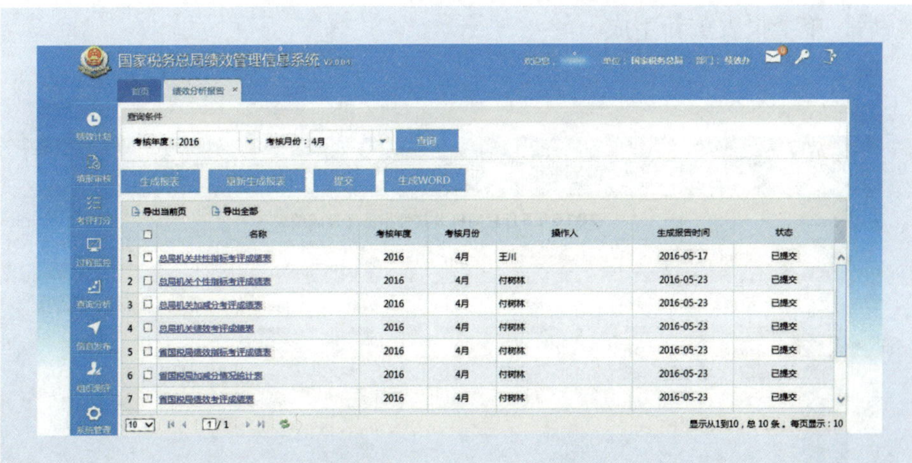

（2）点击“生成报表”，选择“考评打分时间——起、止”，选择“加减分生效时间——起、止”，点击“保存”，即可生成全部10张报表。

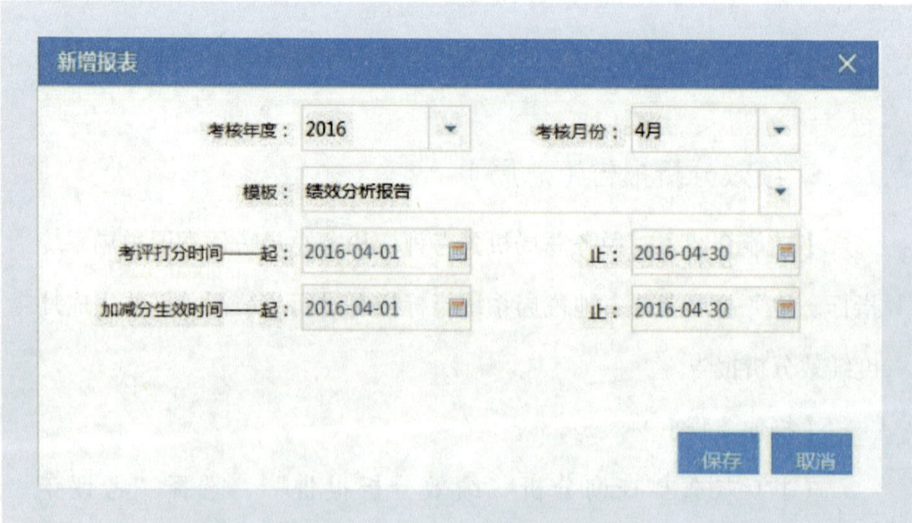

（3）“重新生成报表”：对已生成的报表，个别数据发生变化后，单个报表重新生成。

（4）“提交”—“生成WORD”：全选报表“提交”后，点击“生成WORD”，系统自动生成本单位绩效考评分析报告。

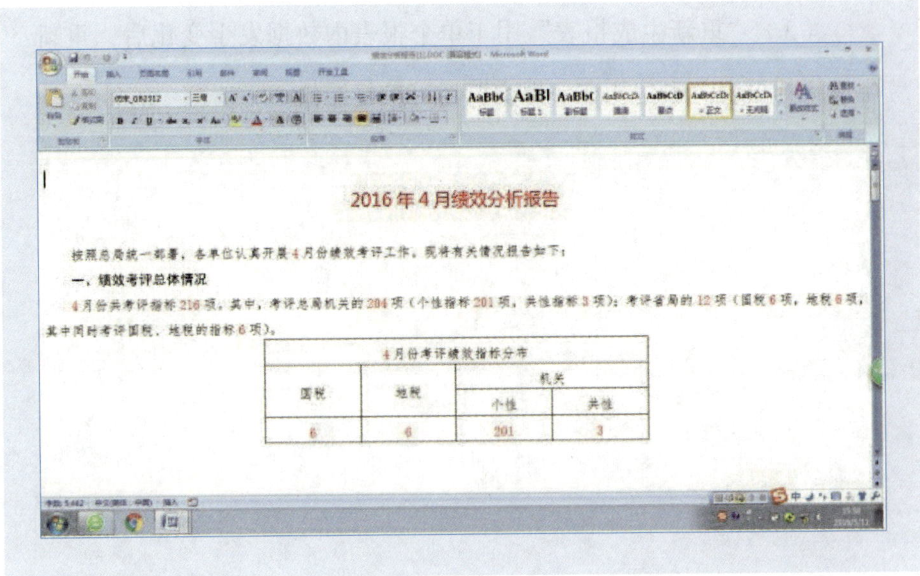

2016年4月绩效分析报告

按照总局统一部署，各单位认真开展4月份绩效考评工作。现将有关情况报告如下：

一、绩效考评总体情况

4月份共考评指标216项，其中，考评总局机关的204项（个性指标201项，共性指标3项）；考评省局的12项（国税6项，地税6项，其中同时考评国税、地税的指标6项）。

4月份考评绩效指标分布			
国税	地税	机关	
		个性	共性
6	6	201	3

【补充说明】

（1）表中显示指标名称为生成报表时选择的考评时间段内的当期已考指标，分值显示为当期时间段内最后一次考评打分分值。例如，当前查询的为4月税务总局机关共性指标考评成绩，则考评时间起为：2016年4月1日，止为：2016年4月30日，显示的三级指标名称为4月1日至4月30日内已考评的指标，分值为4月1日至4月30日内最后一次考评分值。其中，分值为空的表示为失分为“0”；当期某指标未完成全部考评的情况，则未考评部门的单元格内显示为“未考评”。

（2）“生成报表”一次性生成全部10张报表，且“提交”之后，不可反复操作（取数时间已确定，无法变更）；“考评打分时间——起、止”可根据实际考评设定，应为上次考评结束的次日到本期考评的截止日。

（3）“重新生成报表”用于单个报表内数据发生变化后，重新生成新的报表。本功能在“提交”后可反复操作。

绩效机构篇

绩效管理的运转力

绩效办

绩效办主任

绩效办工作人员

绩效办

绩效办要加强日常工作。总局绩效办要强化省局对市局、县局绩效管理工作的监控，抓省局、带市局、促县局。要对各地绩效管理推进情况分片、分阶段开展督查，及时发现问题，督促立行整改，确保落实到位。

绩效办非常锻炼人，希望同志们在这个岗位上建功立业。

——王军

绩效管理工作领导小组均下设办公室，是绩效管理工作的组织实施机构，在领导小组领导和考评委员会指导下开展工作。

各级绩效办负责组织实施绩效管理日常工作，其主要职责是：

◆ 拟制绩效管理发展规划、制度规范及工作方案；

◆ 组织分解落实上级下达的考评指标，组织拟定本局机关和下一级税务机关年度绩效计划及考评指标；

◆ 组织实施日常管理及绩效考评；

◆ 形成年度绩效考评结果，提出结果运用建议；

- 组织开展绩效管理宣传培训；
- 组织开展绩效管理信息系统应用；
- 完成领导小组及绩效考评委员会交办的其他工作。

小贴士

推进绩效业务培训，将绩效培训范围拓展到各级部门和全体干部，既讲理论、讲指标，也讲操作、讲运用，使全体干部准确深刻认识绩效管理。省、市、县国税局至少开展1次全员培训。省国税局至少开展1次绩效师资培训，并将信息系统使用作为培训内容之一。

建立绩效管理人才库和师资库，以骨干力量建设带动整体队伍建设。

在实际工作中，绩效办要准确定位，既不能缺位，回避矛盾，避重就轻；也不能越位，大包大揽，单打独斗；绩效管理是全局性工作，是全系统所有部门所有人员的事，不是某个部门某个人的事。如果把绩效管理比作一场奥运会比赛的话，那么绩效办就相当于是组委会，它是规则的制定者、理念的宣传者、工作的组织者、问题的协调者、考评的监督者，为“比赛”提供一个公正的平台、一个良好的环境。

绩效办主任

绩效办主任要对各种情况心中有数，能提出一系列具体意见和建议，能开展一系列沟通协调，尤其对矛盾既要正视、不躲不绕，又要想方设法化解于无形之中，绝不能简单化处理，把小矛盾闹成大问题。

办公室主任要亲自抓。办公室是机关运转的枢纽，办公室主任要主动担当，绝不能因为有了绩效办或者有了几个专职人员，就“甩手”让他们去做，想起绩效管理来就问上两句，忙起其他事来就将绩效管理置之脑后。

——王军

绩效办主任要参加局务会、局长办公会等重要会议，熟悉掌握全局工作。

主动担当。勤过问、常研究、多协调，加强督促改进，向领导及时反映情况。对各种情况心中有数，善于提出一系列具体意见和建议，开展一系列沟通协调，正视矛盾，想方设法将其化解于无形之中，防止简单化处理。

全面开展工作。围绕税收现代化“六大体系”建设编制指标体系、完善考评规则，围绕绩效结果考实用好，严把考评关口、开展分析讲评，有针对性地抓重点。抓好绩效管理日常管理，把日常工作抓实，强化过程管理和对下监控，抓好本级机关、带动下级机关。对各地绩效管理推进情况分片、分阶段开展督查，及时发现问题，督促立行整改，确保落实到位。

绩效办工作人员

按要求做好上级指标分解定责，组织编制考评指标，制定修订相关制度办法，完成指标导入及调整，加减分审核，系统基础资料维护及资料管理等日常绩效管理工作。

■ 指标分解定责

上级指标下达后，各级税务机关绩效办应及时组织相关部门对上级指标进行分解定责。

指标分解

各级税务机关承接上一级税务机关下达的绩效指标，应根据绩效指标内容进行合理分解，明确领导班子成员、内设部门、下一级税务机关及相关岗位人员的责任。省税务局应合理分解税务总局下达的绩效指标。按照领导班子成员、承接部门、岗位责任人的顺序，确定承接指标责任主体。一项指标涉及多个部门的，应确定牵头部门和配合部门，细化工作责任。需要向下分解的，应合理确定分解层级。

指标分解要与工作实际紧密结合，不能简单平移。指标定责要按照“横向到边、纵向到底，任务到岗、责任到人”的原则，明确每一项指标的责任领导、责任部门和责任人。

1. 分解承接上级指标的方法

（1）明确分解目的。税务总局负责顶层设计，搭建税务系统绩效管理框架。各层级税务部门要对税务总局的各项指标进行层层分解，逐一落实，这也是各层级税务部门绩效指标的重要组成部分。要通过对税务总局指标的科学分解，引导各级各部门紧紧围绕税务总局的工作部署，扎实有效地开展工作，确保税务总局工作目标的实现。

（2）明晰分解内容。分解税务总局指标的前提是要对税务总局的指标有全方位的整体认识。全面深刻了解和分析税务总局指标设置的导向是什么，考评的主要目的是什么，考评的主要内容是什么，应采取哪些工作措施加以落实，各级负责落实该指标的责任主体是谁。需要特别注意的是，在确定承接部门时，并不是税务总局的哪个司局负责考评，下面相对应的部门就一定是责任主体，就得承接该项指标。应从指标考评的具体内容出发确认承接者和责任主体，“谁家的孩子谁抱”。

2. 分解的内容一般有三种情形

情形之一：税务总局指标仅需省税务局机关处室负责完成并提交考评数据，就可以落实指标任务的，应编制对机关处室考评的指标和标准内容，明确工作任务和具体责任。这类指标一般不需要向下进行分解。

情形之二：税务总局指标是由省税务局系统按照工作要求落实并逐级汇总考评数据产生省税务局考评数据，从而完成税务总局指标任务的，既要对下纵向分解考评指标，又要横向明确省税务局机关责任处室的工作任务和管理责任，在省税务局机关和系统分别实施考评。

情形之三：对于由多个部门共同负责落实的指标，应根据考评内容所涉工作对照部门工作职责，编制配合类个性指标或机关共性指标，保证工作落实。

3. 绩效考评指标的类型

为方便操作和理解，可将税务总局绩效考评指标大致分为四种类型：数值汇集型、特殊指向型、工作规范型、结果评议型。依据上述四种指标类型，结合分解的基本思路，形成具体的分解方法。

（1）数值汇集型

数值汇集型指标的主要特点是，指标结果数据是由省以下各级税务机关通过落实政策、加强征管、规范执法，逐级汇总产生的考评结果数据，通过对这种结果数据的考评，来评价绩效目标的完成程度。如税收收入类指标、税收征管类指标等。

分解要点：分解承接这类指标一般有两个方向：一是针对目标值，向省以下基层税务机关逐级分解；二是根据工作职责，在省局机关的相关职能处室进行分解。

（2）特殊指向型

特殊指向型指标的考评内容或责任主体有特殊的指向。如三级指标“一报告两评议”。

分解要点：这类指标的考评内容是特定对象（省局）的工作情况，并不是省局机关的处室或下级税务机关，因此，这类指标在省局机关内部和下级单位不需要进行分解。

分解此类指标时，要根据指标的指向内容和指向责任主体进行分解，不能一味地以“横向到边、纵向到底”为名，不加梳理地分解，否则会造成绩效管理与工作实际脱节。

（3）工作规范型

工作规范型指标是通过规范工作事项、工作程序以及完成时限，引导各级税务机关落实税务总局的工作部署。如考评省税务局指标中的三级指标“小微企业所得税优惠政策”“规范管理”指标等。

分解要点：工作规范型指标的分解方法相对比较明确。一是有明确工作事项的，要根据工作职责，分解编制相应的指标进行考评；二是有明确责任主体的，要针对责任主体进行考评。这些指标考评的重点是要求各级税务机关落实税务总局要求的规定动作。但要注意分解指标进行延伸考评与工作实际的关系。

（4）结果评议型

结果评议型指标是通过测评或调查问卷等形式对工作进行评议，对评议结果进行换算计分。如考评省税务局指标中的三级指标“提高12366热线工作效率”“满意度调查”等。

分解要点：一是要对评议的工作事项按照工作职责进行分解；二是考评方式要科学合理。

指标定责

系统定责是下级局承接本级局系统考评的基础工作，先由绩效办分定责任部门，各部门再进行内部定责。绩效办对指标定责的操作流程如下。

【操作流程】

（1）点选“绩效计划—指标定责—系统指标责任部门设定”，选择“考评年度”“方案名称”，点击“查询”。

（2）选中需定责指标，点击“定责”。

（3）选择“分管领导”“被考评部门”“被考评部门责任人”，点击“保存”。

【补充说明】

（1）系统指标责任部门设定可进行批量操作。

（2）各级绩效办在上级指标下达后，要及时进行分解定责，指标分解要与工作实际紧密结合，不能简单平移。

■ 组织编制指标

突出战略导向。围绕税收现代化“六大体系”建设编制指标体系，年年提升。

——王军

各级绩效办要组织协调本级机关各部门编制本部门考评下级指标、本级机关共性指标及考评本部门个性指标，制定相应的加减分项目、考评规则。要对机关部门宣讲明确指标编制的方法、规则及流程。绩效办要从绩效指标的目标一致性、要素规范性、操作可控性、考评差异性等方面，与指标编制部门沟通并进行审核，汇总编制机关各部门提交的年度绩效指标，报领导小组审定发布。

绩效计划内容来源

（1）税务总局对机关司局和省、自治区、直辖市和计划单列市国家税务局、地方税务局实施绩效管理，根据以下工作任务确定绩效计划内容：党中央、国务院对税收工作作出的重大决策部署；税务总局确定的战略目标；税务总局确定的年度重点工作；其他税收重点工作。

（2）省税务局及以下税务机关对本局机关内设部门和下一级税务机关实施绩效管理，根据以下工作任务确定绩效计划内容：上级税务机关部署的年度重点工作任务；本级党委政府部署的有关税收工作；本级税务机关确定的年度重点工作；其他税收重点工作。

设置绩效指标

各级税务机关依据绩效计划，主要围绕税收现代化“六大体系”，即完备规范的税法体系、成熟定型的税制体系、优质便捷的服务体系、科学严密的征管体系、稳固强大的信息体系和高效清廉的组织体系，编制绩效指标，并可结合实际设置加分项目和减分项目。

税务总局把“六大体系”主要子目标设置为一级指标，按照一级指标的核心内涵设置二级指标；按照《深化财税体制改革总体方案》《深化国税、地税征管体制改革方案》和年度税收重点工作任务等设立三级指标，并分别归属到二级指标中，实现战略目标与年度重点任务的紧密结合；三级指标下设若干考点并明确责任主体、考评标准、分值权重、考评时间等要素，形成“战略—目标—执行—考评—改进”的完整链条，各体系之间互不交叉，使实现税收现代化战略目标的路线图、时间表、责任书清晰地展现在各级税务机关和广大税务干部面前，更好地引领全国税务系统凝心聚力、持之以恒地抓好落实。

考评司局应制定绩效指标的考评标准细则，包括考评标准解释、数据来源、评分依据、资料报送等内容。考评标准细则应与指标同步编制，及时发布。

指标要素设置

1. 指标分为三级

指标分级就是按照分级思路和方法，分为一级指标、二级指标、三级指标，形成层次分明的结构体系。

一级指标：是绩效指标体系的评价维度，体现绩效管理的战略导向。

二级指标：是绩效指标体系的评价层面，体现绩效管理的工作目标和核心内容。

三级指标：是绩效指标体系的评价要点，体现绩效管理的具体举措，是落地指标。

2. 三级指标名称设定

可以根据工作性质和内容的差异，将三级指标分为四种类型，每种类型有不同的设计要点。根据设计要点可进行三级指标名称的设定。

（1）量化目标型：有量化数据支撑，有固定目标值，以衡量结果为主。指标名称一般以比率、指数来进行表述。

如差错率、达标率、完成率、答复率、准确率、办结率等。

（2）关键任务型：属于保障核心结果完成的关键任务、重点工作或者是专项工作。指标名称一般以“动宾结构”来表述。

如推行公职律师制度、实施“三证合一”改革等。

（3）工作规范型：属于常规的管理规范，违反即扣分，一般以违反次数为单位或根据违反要求内容来进行负向扣分。指标名称一般以“××管理”“××规范”表述。

如公文管理、工作落实等。

（4）结果评价型：需要通过单独组织问卷调查、民主评价、第三方测评等方式来获取数据。

如满意度调查、基层满意度、干部满意度等。

3. 设计目标值

目标值的设计要从税务管理的实际出发，实事求是、客观可行，目标值既需要有一定的挑战性，同时也应当符合“跳一跳，摘得到”的规律，指标定得过高或过低、过繁或过简都会导致脱离实际，达不到预期的目标。要严格按照政策部署和有关文件要求设定目标值，要结合地区资源及发展现状确定目标值，切忌主观、简单。

在目标值设计时，也应该体现以下原则：

（1）持续改进。每年的目标值应有所改进和提升。

（2）具有挑战性。

（3）标杆超越。对横向可比的指标确定标杆对象，制订几年内超越标杆的实施计划。

（4）差异标准。考虑不同地区的工作差异性，设置差异化的目标值。

（5）以存量定增量。一般先评价存量与目标值之间的差距。存量大的，设置的增量目标就可以低一点；存量小的，就可以加大增量的考评。

如在省局考评市局的指标中，有的数据准确率达到90%，往上提升已经很难了，有的数据准确率达到60%，还有很大的上升空间，就可以设置较大的增速目标。

确定目标值的正确思路应该是将近三年历史数据、标杆单位数据、周边单位数据进行收集分析，选择合适的具有一定挑战性的目标值。

4. 常见的考评维度

（1）时间维度：落实任务的关键时间节点。以节点化设计实现过程管理。绩效管理与以往各种考评的不同之处在于其对节点控制、过程管理的关注以及有效落实，其中关键在于指标的节点化设计，需要根据工作实际，明确相应的时间节点、任务进度，确保过程管理能抓实抓牢。

（2）数量和质量维度：以量化设计实现工作的可考评，从数量、质量等角度梳理工作内容，实现工作的可考评、可衡量。从数量方面设计，可以有完成量、完成率，总量和增量、增幅。从质量方面设计，可以有达标率、差错率等。

（3）效果维度：档次、排名、满意度。以结果为导向，通过定性评价实现对工作的考评。结果评价法可采取两种方式：一是比例限定法，也称强制分布法或分档计分法。这种设计方法是绩效管理中针对定性指标无法区分考评结果，防止各被考评部门得分趋同所采用的一种方法。二是测评转换法。通过不同测评主体的民主测评，评价工作效应。

（4）遵从维度：按规定执行得分，未按规定执行扣分。以流程设计实现工作的规范性。通过对时间、数量、工作流程的规范统一，实现对工作规范性考评；同时，也有助于促进各部门深入细致梳理自身的工作，规范工作流程，明确工作目标。

事实上，指标可以单独选取其中一个维度，也可以同时选取多个维度来进行考评。可以同时从完成时间、完成数量、完成质量、实施效果进行考评。

5. 考评标准的表述

定量指标的表述相对比较简单，可以按照相关的量化数据来设计考评标准。

定性指标的表述，从以往的情况看，表述不够统一，有些也不够规范，不知如何表述。

那么用较为通俗的方式："于、用、完、达"的表述方式。

具体的描述为：于什么时间（期限），用多少成本资源（方式、手段、工具），完成某项工作（任务），达成目标（质量标准、数量要求）。

如1月31日前，制发深入开展"便民办税春风行动"的意见。按时完成得10分，逾期完成扣0.5分，未完成不得分。

6. 分值权重

分值和权重联系紧密。分值可以采用千分制或百分制，而权重是每项指标在整个指标体系中所占比例，是分值的基础。每项指标要视其在指标体系中的管理作用、任务量的大小、完成的难易程度以及特定的管理要求等因素设定相应分数，合理地进行权重设置。

指标权重是否合理将影响到考评活动导向及考评结论（总分）是否合理。指标权重设计常见的问题包括随意决定、平均分配、权重与计分方式不匹配等。

指标权重设计有很多方法，如专家法（德尔菲法）、层次分析法、实用经验法等。其中实用经验法因其简便实用，在实践中使用较多，是专家法与层次分析法的综合。具体操作是：将一个部门的所有重点工作任务按重要性用“五星★”标示，最后将“星★”的总数除以部门的总分，确定每个星所占分值，之后按一项工作所占星的数量来确定它的分值。

指标权重确定一般应注意以下三点。

（1）指标权重应体现各指标的相对重要程度。根据绩效考评的目的和准则，分析各指标的相对重要性和对考评结果（总分）的作用，并将其定量表达出来，这是指标权重的“言中之意”和基本功能。指标越重要，权重越高；反之亦然。

（2）指标权重要契合各指标信息的可靠性。指标评判需要相应的数据信息支撑。由于评判者所掌握数据信息的可靠性、准确性、客观性等方面存在差异，故不同指标的评判结果可利用价值意义存在差异。数据信息可靠性越高，其指标评判结果的可利用价值越高，反之亦然。在具体实践中，对那些信息可靠性偏低的指标可以赋予较低权重。

（3）通过模拟试验和事前验算合理设计权重。在指标权重设计应考虑的诸因素中，有的可通过数学方法解决，有的则与指标特点、考评者掌握的信息质量等实际情况有关，比较复杂和模糊，对考评设计人员的实践经验依赖较高，无法通过简便有效的方法解决。另外，指标体系总分的产生需要经过一系列计算。其中，除权重之外，还涉及指标个数、单一指标的取值范围、指标分档数及每档的赋值等定量因素。因此，为了保障考评结果的准确合理性，对于某些要求较高或失败代价太大的考评活动，应该在正式考评之前，对指标权重进行模拟测验，或通过人工设置一些模拟数据进行验算，或随机选择一些样本开展小范围模拟考评，考察不同的权重分配结果对考评总分的影响。类似过程可以多次重复，据此逐步调整完善各指标的权重，直至确定出比较满意的权重为止。

7. 计分方式

计分方式的选择是实践操作中困扰绩效管理人员的主要问题。采用什么样的计分方式十分关键，计分方式选择不准会导致考评不准、不公平情况。计分方式与管理内容、考评维度、考评细则密切相关，可根据指标实际内容及性质选取。计分方式是绩效信息系统对绩效指标自动管理、自动评估的基础，只有明确和标准的计分方式才能完成自动算分。实践中经常用到的有分档计分法、基准加减法、直接扣分法、比例计分法等。

（1）分档计分法

分档计分法是体现差异化管理的重要手段。根据指标完成情况，对省国税局、地税局分别评出不超过14个“第1段”单位，其他单位为“第2段”。“第1段”单位得满分，“第2段”单位得标准分值的95%。一年内实行两次分档考评的，第一次和第二次考评分值分别占标准分值的40%和60%。

例如：大企业税收管理司的“大企业税收服务与管理”、国际税务司的“国际税收服务管理与创新”等，把多项工作综合为一项指标，解决了有的单项工作不便分档考评的问题，同时鉴于分档指标涉及工作任务大多完成时间较长，一般以半年为周期进行考评。

小贴士

5.0版对分档考评方式进行了适当调整。一是减少考评档次，将4.0版三档考评全部调整为两档考评，考评成绩位于前40%的单位为一档，剩余60%的单位为二档。二是缩小考评分差，一档单位得满分，二档单位得标准分值的95%。三是减少指标数量，将对省国税局、地税局进行分档考评的指标数量分别由4.0版的24个和18个减少为17个和11个。四是多数分上下半年两次进行考评，各占指标标准分值的40%和60%；同时考虑有的工作持续时间长、成效集中在年底体现，按年度一次性考评。五是为了增强考评的严肃性和准确性，考评司局在完成考评后，需将分档考评结果报分管局领导审核后提交绩效办。

（2）基准加减法

基准加减法是指对完成底线基准要求后，激励各单位“比学赶超”的计分方法。

具体为：完成目标值得基准分，超过基准值的，按照一定比例或数量进行加分，低于基准值的，按照一定比例或数量进行减分。

例如：三级指标“网络安全管理”中漏洞考点（2分）。基准分为1分，按季度统计省内网站和网上办税高危漏洞情况，每个漏洞扣0.1分，对漏洞有效整改并将有关情况上报税务总局的，按次加0.1分；漏洞大于2个的，一律加扣0.1分，不可抵消；每季度0.5分，扣完为止。

（3）直接扣分法

直接扣分法以权重分为基准，设定差错扣分标准，每发现一例扣减一定分值。

例如：三级指标“运转保障”中保密考点，严格执行保密管理各项规定，发生失泄密事件的，按事件次扣1分；对有关部门保密检查发现问题整改不到位的，按问题数量扣0.1分。

平均值量化考评指标。对于量化考评的指标，以各被考评单位指标的平均值为依据，在平均值（含平均值）以上的，得满分；在平均值以下的，最多扣该指标标准分值的5%，并按下列公式计算指标扣分：

指标扣分=（平均值-实际值）÷（平均值-最低值）×标准分值×5%

例如：三级指标“税收收入预测”中，根据各地月度收入预测准确率和年度收入预测准确率进行考评。准确率在平均值以上的，得满分；在平均值以下的，最多扣标准分值的5%，按下列公式计算：指标扣分=（平均值-本单位准确率）÷（平均值-准确率最低值）×标准分值×5%。

（4）比例计分法

比例计分法是在指标目标明确的前提下，将任务实际完成情况与任务目标进行对比，然后将完成比例乘以该项指标的权重分值来计算该项指标实际得分的计分方法。一般数额比较大的指标采用此方法。

计算公式为：

$$\text{指标得分}=\frac{\text{实际完成情况}}{\text{计划目标值}}\times\text{指标权重分值}$$

不同的指标类型可以有针对性地选择不同的计分方式。

（1）关键任务型。按工作节点进行分析和管理，采取综合考虑进度、创新和效果进行评价打分，可采用分档计分法。

（2）量化目标型。有固定量化数值目标，可按周期定期进行分析和管理，一般采用基准加减法、数量递减法、区间计分法、排名计分法等。

（3）工作规范型。属于常规必须遵守的工作规范，按周期定期进行督查和改进，采取按照底线标准进行扣分，一般采用数量减分法、排名计分法、直接扣分法等。

（4）结果评价型。按专题成果进行评审和评价，一般采用排名计分法、等级评分法等。

8. 考评周期

考评周期根据工作需要可按时点、月度、季度、半年和年度进行考评。考评时间的设计应该根据不同的工作类型来进行设计。重点或者专项工作，可以按工作时点来考评。常规的工作要综合考虑取数难易程度，若可从业务系统自动取数，可按月、季度考评；若需人工察访核验，可按季度或时点考评。结果评价型的工作，可以按季度、半年或年度考评。

9. 数据来源

数据是支撑绩效管理的坚实基础，是察访核验的重要依据。明确数据来源是绩效指标设置的关键。如果数据难以采集，数据监控体系没有建立，则指标考评的结果就难以把握。

数据来源要体现客观性和权威性。数据来源应是能证明工作完成的佐证材料，可以是统计部门的统计数据、主管部门的统计数据或证明材料、本部门的工作日志，包括文件、图片、报表等，能通过信息系统提取的，应写明系统模块的具体名称。

数据来源有三类：一是生产流程产生的数据。可由信息系统采集自动生成。二是管理过程产生的数据。可以将阶段性的报表、文件等作为考评依据。三是由第三方提供的数据，如满意度调查等。

10. 工作监控

工作监控是根据考评实施工作需要，确定指标审核评分和结果反馈的时间、方式和途径。是指对考评部门或被考评部门完成工作事项的工作流程或时间节点的监控，根据具体工作要求来进行设置。工作监控不单单是工作提醒，不仅对被考评部门进行监控管理，还对考评部门是否按要求履行考评职责进行过程监控。绩效管理信息系统中设置了提醒待办功能，并将考评部门履行考评职责情况纳入“绩效工作运转”指标进行考评。

指标编制程序

指标编制一般应包括指标初拟、沟通审核、征求意见、审定发布等环节。税务总局对省税务局指标编制程序如下。

1. 指标初拟

考评司局根据绩效计划，初拟对省税务局的绩效指标，并报绩效办审核。

指标初拟阶段主要包括绩效目标采集、绩效计划形成和绩效指标初拟等环节。绩效目标的确定先要形成规范化的目标信息采集机制，可以从税务发展战略规划、年度重点工作、部门职能工作、上级工作要求、领导批示热点问题、历史绩效薄弱环节、群众诉求、临时性重大专项工作、机关共性管理要求等几个方面进行信息采集，进而进行分类归档，形成绩效目标和重点工作任务集。根据目标和重点工作任务，结合部门职责进行责任分解，构建年度绩效计划表。由考评部门根据年度绩效目标，结合工作任务要求，选取关键点，明确考评标准、目标值、考评方式、数据来源等指标要素，初拟绩效考评指标。

2. 沟通审核

绩效办就绩效指标的目标一致性、要素规范性、操作可控性、考评差异性等方面，与考评司局沟通并进行审核。

绩效办应组织专门的工作组，按照绩效指标的目标一致性、要素规范性、操作可控性等方面，就各部门申报的绩效指标与各部门开展正式沟通审核。主要对指标的内容范围、筛选原则、目标设定、指标考评尺度、指标数量、具体指标量化设计方法等方面进行交流探讨并达成共识。在沟通中，工作组应宣讲绩效管理的理念、方法，并聆听各部门对绩效管理意见及职能工作难点。

3. 征求意见

绩效办将审核后的绩效指标征求省税务局意见，并反馈考评司局。考评司局根据反馈意见进行修订完善，并提交绩效办复核后报分管局领导审核。

绩效办应将沟通审核后的绩效指标征求被考评单位意见，并反馈考评单位。考评单位根据反馈意见进行修订完善，并提交绩效办审核，达成一致意见后，报考评单位主管局领导确认。

4. 审定发布

绩效办汇总编制年度绩效指标，报领导小组审定发布。

■ 制定修订相关制度办法

制度和考评指标设计要努力做到目标明确、任务量化、节点清晰、过程可控、结果可考，促进形成快速响应机制、评价导向机制、服务增效机制、内生动力机制，进一步营造人人担当、人人争先的良好氛围。

——王军

对照上级下发的绩效管理相关制度办法，结合本地实际，制定本级机关及系统绩效管理相关制度办法，或作相应完善修订，提交绩效管理领导小组审定后发布。

■ 指标导入

指标制定后，绩效办要将指标导入绩效管理信息系统。每年年初的系统初始化过程如下（初始化后，应推进考评年度）。

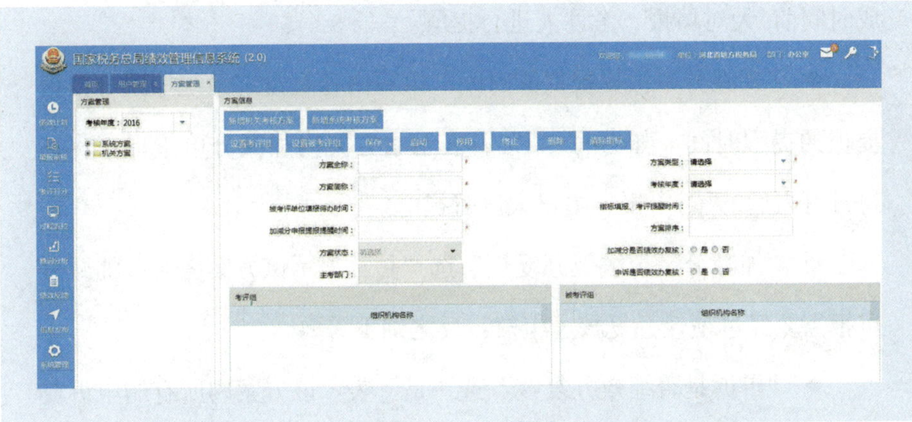

建立考评方案

【操作流程】点选“绩效计划—方案管理”，选择“考评年度”，在方案信息内点击“新增机关考评方案”，在弹出页面中填写“方案全称”“方案简称”“被考评单位填报待办时间”“指标填报、考评提醒时间”“加减分申报提报提醒时间”，选择“加减分是否绩效办复核”“申诉是否绩效办复核”，点击“确定”，新增机关考评方案完成。

◆ “方案简称”最大长度为8个汉字。

◆ “被考评单位填报待办时间”填写内容是设定本方案内指标出现“待办”提示的时间，数值填写必须为5~10之间。如填写“5”，表示本方案内的被考评单位将在该指标计划完成时间的提前5天对填报人生成待办工作。

◆ “指标填报、考评提醒时间”填写内容是设定系统该方案内所有指标填报、考评的提醒时间，填写数值必须大于“被考评单位填报待办时间”。如填写“6”，表示本方案内的指标将在该指标计划完成时间前6天对填报、考评人进行提醒。

◆“加减分申报提报提醒时间”填写内容是设定系统加减分申报提报的提醒时间。如填写“2”，表示本方案内加减分申报提报将在每月月末后2天对申报、提报人进行提醒。

◆“加减分是否绩效办复核”选“是”表示该方案内所有加减分申报需要经过绩效办复核才生效，反之则不需要。

◆“申诉是否绩效办复核”选“是”表示该方案内所有的申诉要经过绩效办复核才生效，反之则不需要，但即使选“否”，提起二次申诉时依然是通过绩效办审核。

◆“排序”为非必填项，填写数字为该方案在左侧树中位置。

新增机关考评方案设置考评组和被考评组。点击选择刚建立的方案（左侧机关方案下拉菜单中），在右侧点击“设置考评组”“设置被考评组”分别进行设置，设置完毕点击“保存”“启动”。启动后进入指标导入环节。

如果有考评方案需要修改，需选择左侧树中的方案，点击“停用”，修改方案内容，修改后再点击“启动”，不影响指标运行。

需在年度全部考评完毕后，再次进入本页面，点击“终止”，即本方案全部终止。

共性指标导入

【功能介绍】通过指标模板（除明确表述外，均以机关共性指标为例，下同），将指标导入绩效信息系统。

【操作流程】点选“绩效计划—指标导入—共性指标导入”，方

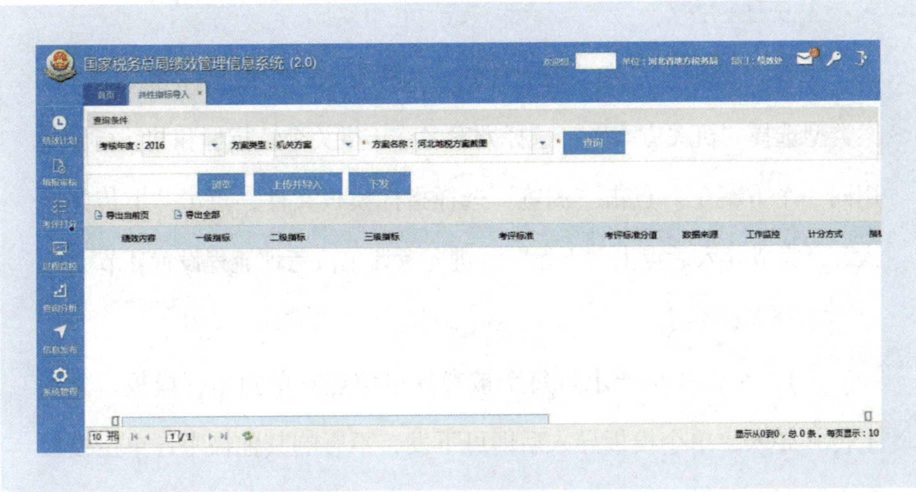

案类型选择“机关方案”，选择方案名称。点击“浏览”选择指标模板文件，点击“上传并导入”，完成导入后点击“下发”，进入考评单位考评流程设置环节。

【补充说明】

（1）共性指标在下发前可多次导入，每次导入均会全部覆盖上一次的导入，一旦下发则不能再导入更改。

（2）指标模板制作中，在模板中“得扣分字段”列，分档考评类指标只能选“得分”；得分类指标除分档考评指标外，“考评周期”必须设置为“年”，分档考评指标可以按周期考评。分档考评指标若为2个周期（半年），指标分值按40%、60%分配；若为4个周期（按季），指标分值按20%、20%、20%、40%分配；若为12个周期（按月），则指标分值最后一月占40%，其余平均分配分值。

（3）可根据实际需要设置分档规则。

个性指标导入

【操作流程】点选“绩效计划—指标导入—个性指标导入”，方案类型选择“机关方案”，选择方案名称（机关个性指标和共性指标共用同一个方案）。点击“浏览”选择指标模板文件，点击“上传并导入”，完成导入后点击“下发”，进入考评单位考评流程设置环节。

【补充说明】

（1）个性指标要求按每个被考评单位建立单独指标模板，分别上传并导入，单个模板导入后即可下发，不影响其他被考评单位模板的上传下发，但本模板下发后不可再更改。

（2）同一被考评单位模板在下发前可多次导入，每次导入均会将本单位已存在的指标全部覆盖。

（3）指标模板制作中，个性指标不支持分档考评。

（4）“机关个性指标”其他操作与“机关共性指标”基本相同。

指标制定

【功能介绍】“指标制定”是指在绩效信息系统内逐条录入指标。

【操作流程】

（1）点选“绩效计划—指标制定—共性指标制定”，方案类型选择“机关方案”，选择方案名称。选定左侧指标结构，点击“新增”。

（2）点击页面左侧的上级节点，点击“新增”，填写“指标名称”“指标排序”，点击“保存”。依次向下新增节点，直至三级指标，点击三级指标节点“新增”，填写具体考评指标内容，“*”为必填项。选中指标名称，点击“调整”，可对该项指标进行调整。点击“删除”，可删除该项指标。

（3）制定指标后，点击“预览”，可以查看指标的完整内容。点击“下发”，下发指标。

【补充说明】

（1）共性指标可以导入，也可以制定。若先制定再导入，则制定的内容会被覆盖，只留下最后一次导入的内容；若先导入再制定，则制定内容会累加，不会覆盖。

（2）共性指标导入模块中的“下发”和共性指标制定模块中的“下发”功能相同，只可操作其中一个，在下发后不可再次导入或制定。

指标启用

【操作流程】

（1）点选“绩效计划—指标启用—共性指标启用”，填写查询条件“机关方案”，选择方案名称，点击“查询”，对待启用的共性指标的考评部门定责信息、考评审核流程信息进行审核，确认无误后启用指标。

（2）若对考评单位联络员提交的考评流程设置信息有异议，点击“退回”，退回给考评单位联络员重新设置提交。全部指标启用完成后，由被考评单位联络员进行指标定责。

【补充说明】共性指标需按考评部门不同，分别选择相应考评部门进行启用。

被考评单位调整

【功能介绍】将某些不需要参加考评的单位调整出被考评单位。如金税三期系统考评指标，不考评非试点单位，应当进行被考评单位调整。

【操作流程】

（1）点选“绩效计划—被考评单位调整”，填写查询条件“方案类型”，选择方案名称，点击“查询”，对待调整的共性指标进行被考评单位调整。

（2）选中指标，点击右侧的被考评单位列表，如果当前指标不考评其中的某一个被考评单位，则将前方的对号勾选掉，然后点击“保存”，指标全部调整完毕后，点击“全部下发”按钮。

【补充说明】须将全部指标调整后，点击“全部下发”一次性下发给所有被考评单位。

■ 指标调整

绩效指标发布后，确有特殊情况需要调整的，应按各级税务机关规定的程序进行。税务总局指标调整的特殊情况及程序主要如下：

◆ 党中央、国务院及税务总局新增重点工作任务和领导批示交办的重要工作事项，由绩效办和考评司局协同制定新增指标，报分管局领导审核后，提请绩效考评委员会审定。

◆ 考评司局因工作任务发生变化，需要对指标进行调整的，商绩效办提出意见并报分管局领导审核后，提请绩效考评委员会审定。

调整后的指标发文下发后，要在绩效管理信息系统中作相应调整。

新增（指标导入下发后进行的新增指标）

【操作流程】

（1）点选“绩效计划—指标调整—共性指标调整”，选择“考评年度”“方案类型”“方案名称”，点击“查询”。

（2）在左侧指标结构树选择需新增指标的节点，点击“新增”。

（3）填写“指标名称”“指标排序”，点击“保存”。依次向下新增节点，直至三级指标。

（4）填写“考评标准”“数据来源”“工作监控”“考评分值”“计划完成时间”“考评周期”“指标排序”“填报期限”“考评期限”，选择“得扣分类型”“填报单位”“指标类型”“是否机考”“计分方式”“分档规则”，点击“下一步（考评定责）”，进行考评流程设置（设置流程参见“考评流程设置”）。填写后可进行“暂存”，待修改完善后进行“保存”。

新增指标无须绩效办进行“指标启用”操作，相关操作全部保存成功后指标自动启用。

修改

【操作流程】

（1）在左侧指标结构树选择需修改指标，选中指标，点击“调整”。

（2）对相应内容进行修改，点击“下一步（考评定责）”，进行考评流程设置（设置流程参见“考评流程设置”），待调整无误后进行“保存”。

【补充说明】

（1）修改后会造成已完成的考评信息重置，请仔细核对后再做修改。修改考评周期、得扣分类型、计分方式、填报单位会造成前期考核分值丢失，修改考评分值，计划完成时间会重置考评周期分值上限。

（2）在考评期内，所有指标要素均不能调整。可通过提早完成考评、删除指标（不保留已考评数据）或停止指标（保留已考评数据）、新增指标的方式进行调整。

删除

【操作流程】在左侧指标结构树选择需删除指标，选中指标，点击“删除”。删除操作会同时删除与该节点绑定的考评流程数据。

停止考评

【操作流程】

（1）在左侧指标结构树选择需停止指标，选中指标，点击“停止考评”。

（2）选中相应考评周期，点击“终止”。

选中相应考评周期，点击“终止”，系统会删除已选中的考评周期数据，保留剩余考评周期业务数据。如某指标按月考评，选中“十月份”“十一月份”“十二月份”，点击“终止”，系统会删除已选中的考评周期数据，保留一月份至九月份的考评信息。

考评周期截止日调整

【操作流程】

（1）在左侧指标结构树选择需调整指标，选中指标，点击“考评周期截止日调整”。

（2）选中相应考评周期，修改“周期截止日（调整后）”，点击“调整”。

被考评单位调整

【操作流程】选择“考评年度”“方案类型”“方案名称”，在左侧指标结构树中选择需要调整的指标，勾选考评标准，点击“被考评单位调整”，在弹出页面中，勾选需要增加的被考评单位，取消需要减少的被考评单位，点击“保存”则修改生效。

被考评单位若是减少，则被减少的单位该项指标已考数据全部消失，应谨慎操作。被考评单位若要增加，则不影响已考评单位，新增被考评单位自本期开始考评，以前周期的分数默认为“0”。

■ 分档计分法规则设置

【功能介绍】根据本单位考评规则，新增分档计分法的规则，实现强制分布功能。

【操作流程】

（1）点击“系统管理—业务参数配置—分档计分法规则设置”。

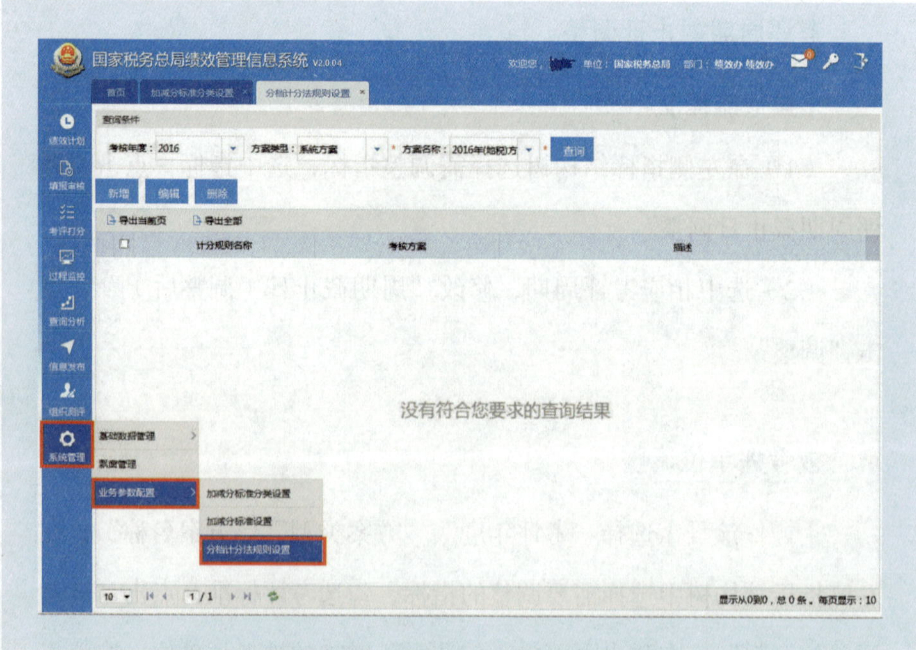

（2）选择需要新建分档计分规则的对应方案类型和方案名称击“查询”，显示该方案下现有分档计分规则。点击“新增”，弹出新增页面。

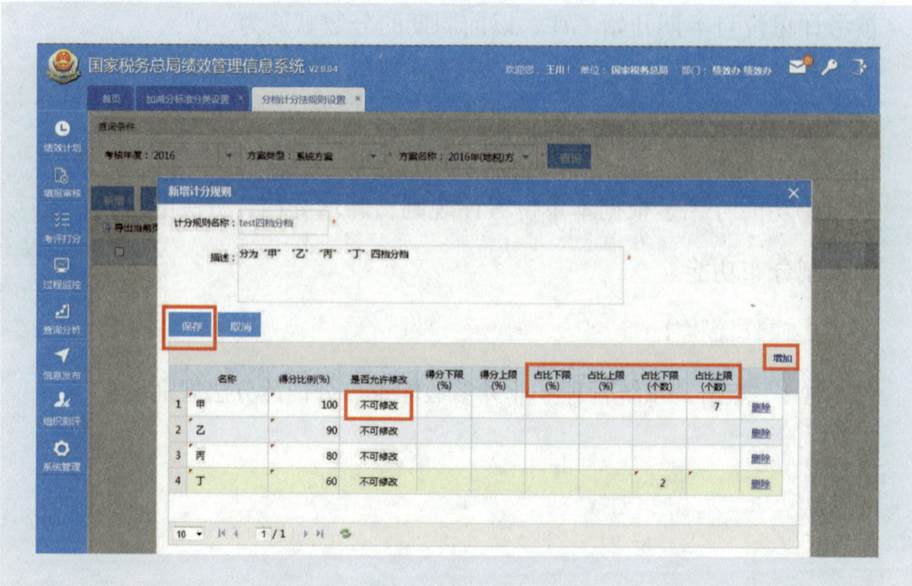

（3）填写计分规则名称、描述，点击“增加”添加分档项，其中“是否允许修改”如果改为可修改，得分上（下）限可编辑（如输入“甲”这档被考评单位除默认值外的分数）；占比可以用个数和百分比两种形式控制，各单位可根据具体情况进行选择。设置完分档规则点击“保存”，即可生效。

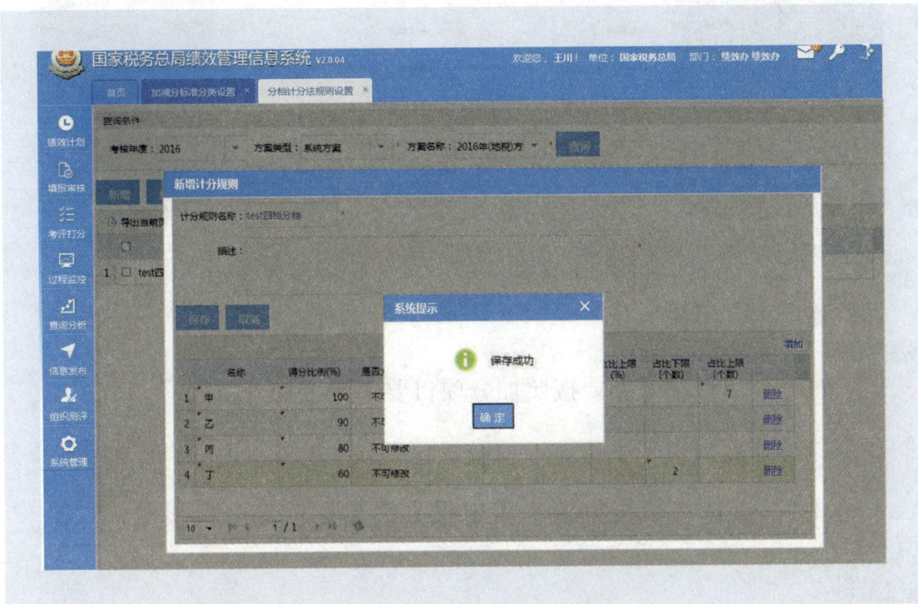

（4）在指标调整页面，选对应方案下的指标，当“计分方式”为“分档计分法”时，“分档规则”下拉菜单中可选择新建的分档计分规则。保存后指标按新分档计分规则计分。

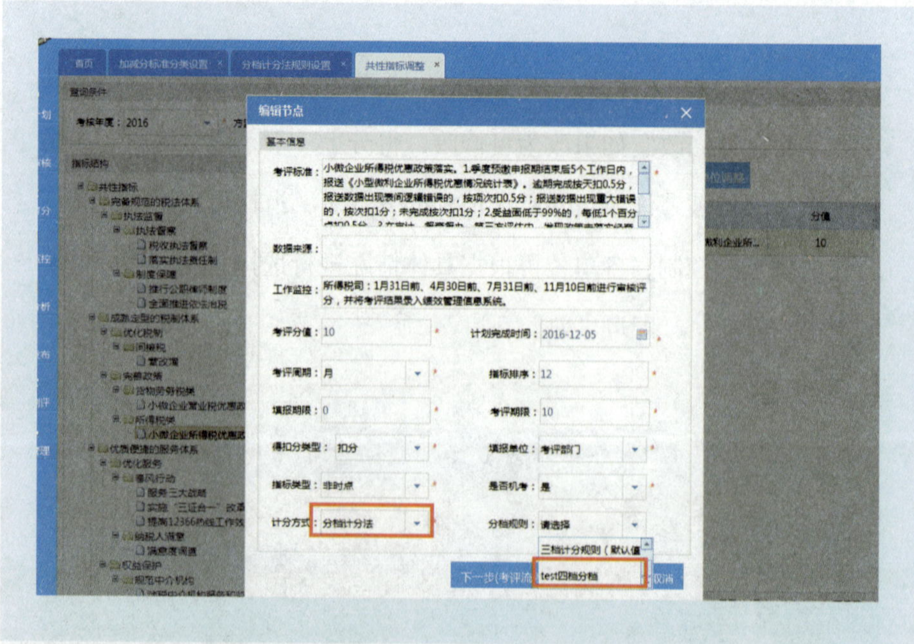

■ 加分申报

被考评单位绩效办要按照加分项目要求申报加分项目。

【操作流程】

（1）点选“填报审核—需申报方案名称—加分申报”，点击“新增”。

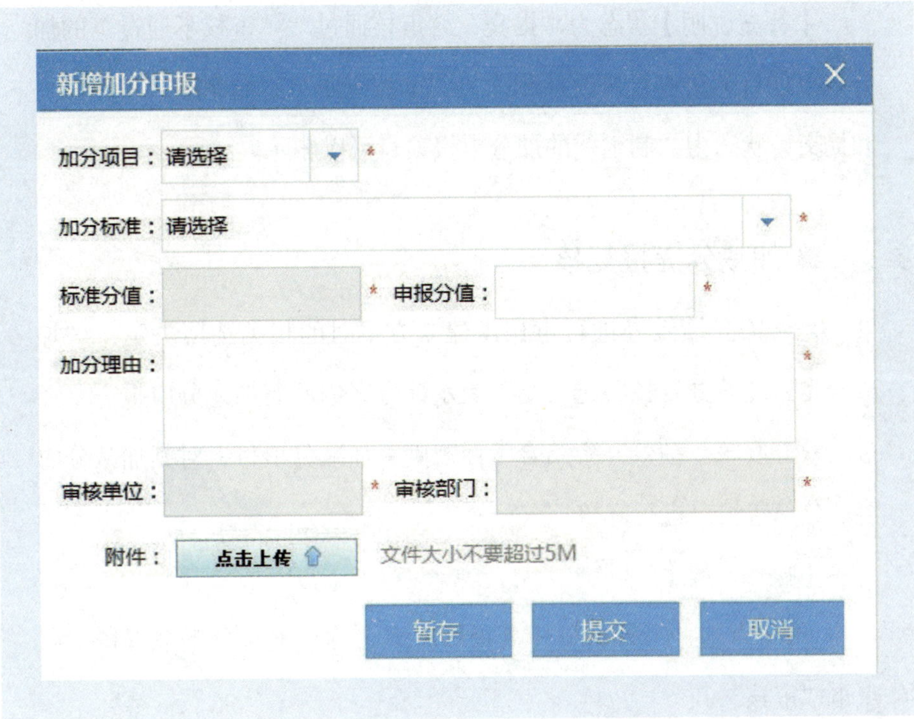

（2）选择“加分项目”“加分标准”，填写“申报分值”“加分理由”，点击“提交”。填写后可进行“暂存”。对选择状态为“制定”的加分申报项目点击“修改”，可对相关内容进行修改完善，完成后点击“提交”上报。对选择状态为“制定”的加分申报项目点击“删除”，可删除所选加分申报项目。

（3）经审核同意加分的项目状态显示为“审核通过”，不同意加分的项目状态显示为“审核不通过”，需修改后重新提交的加分项目状态显示为“审核退回”。

（4）对选择状态为“审核退回”的加分申报项目点击“修改”，可对相关内容进行修改完善，完成后点击“提交”上报。

【补充说明】状态为“提交”“审核通过”“审核不通过”的加分申报项目无法进行修改及删除，“审核退回”不能删除，只能修改和提交，状态为“制定”的加分申报项目可以删除。

■ 加减分提报复核

是否需要绩效办进行审核由建立方案时的相关选项决定，“加减分是否绩效办复核”选“是”表示该方案内所有加减分申报需要经过绩效办复核。绩效办要结合考评规则、加减分项目，对其加减分内容、分值等情况进行复核。

【操作流程】

（1）点选“考评打分—需审核方案名称—加减分提报审核”，点击“审核”。

（2）审核加减分提报内容，依据实际情况选择“同意加分”“不同意加分”或“退回”修改。填写“审核意见”，点击“保存”。可在“已审核”“退回”中查看相关加分申报审核情况。

小贴士

如果在方案管理选择“加减分绩效办复核”，绩效办要进行加减分复核。其操作流程与加减分提报审核一致。绩效办要结合考评规则、加分项目，对其加分内容、分值等情况进行复核。

■ 争议处理（申诉）

被考评单位对考评成绩有异议的，应当在考评结果公布后规定的时间内向考评单位提出申诉。

省税务局对考评成绩有异议的，应向绩效办提起申诉。绩效办核实申诉事项后，提请绩效考评委员会审定。

申诉分考评单位申诉和被考评单位申诉两个类型。

（1）考评单位申诉：由考评单位提请，绩效办审核。

（2）被考评单位申诉：由被考评单位申请，如按照方案建立时【方案管理】中选择“申诉是否绩效办复核”，可分为两种流程。如选择“是”，表示考评单位联络员申诉审核后，还需绩效办复核操作；选择“否”，表示考评单位联络员申诉审核后，即可生效。

审核考评单位申诉

【操作流程】点选“绩效反馈—申诉审核”，选择审核方案，点击“查询”。查询出来的数据，点击“审核”，审核被考评单位申诉内容，依据实际情况选择“同意”“不同意”或“退回”。填写“审核意见”，点击“保存”。

【补充说明】

（1）“退回”的申诉，可修改后再次提交至绩效办。

（2）“不同意”的申诉，不可二次申诉。

（3）“同意”的申诉，本申诉流程结束。注意：申诉流程为痕迹化管理需求，同意申诉并不直接修改已考评成绩，需具有考评结果调整员角色的人员进行指标（加减分）分值更改。

审核被考评单位申诉

【操作流程】点选“绩效反馈—申诉审核”，选择审核方案，点击“查询”。查询出来的数据，点击“审核”，审核被考评单位申诉内容，依据实际情况选择“同意”“不同意”或“退回”。填写“审核意见”，点击“保存”。

【补充说明】

（1）“退回”的申诉，可修改后再次提交至考评单位。

（2）“不同意”的申诉，可点选“二次申诉”，直接发至绩效办审核，绩效办不同意则为终审，不可再申诉。

（3）绩效办“退回”的申诉，可修改后再次提交至绩效办。

（4）对“同意”的申诉，本申诉流程结束。注意：申诉流程为痕迹化管理需求，同意申诉并不直接修改已考评成绩，需具有考评结果调整员角色的人员进行指标（加减分）分值更改。

■ 撰写绩效考评分析报告

省、市、县税务局应建立绩效考评分析报告工作机制。绩效考评分析报告中，要有月度或季度内上级指标考评情况分析、存在的问题及整改措施，本级指标考评成绩、存在的问题、扣分及原因分析、改进意见建议以及对被考评单位工作指导意见等内容。省税务局应于向税务总局上报会议纪要前，在绩效管理信息系统公布当期绩效考评分析报告；市、县税务局绩效考评分析报告的公布时间由省税务局确定。

■ 统计年度考评结果

一个考评年度结束后，要及时统计、形成年度考评结果，提交绩效考评委员会审议、绩效管理领导小组审定。待结果确定后，发布绩效考评结果通报文件。

■ 系统基础资料维护

对部门和用户信息变动的单位和个人进行调整。

部门管理

【功能介绍】维护单位和部门等相关信息。

【操作流程】点选“系统管理—基础数据管理—部门管理”进入部门管理页面，左侧为组织机构树。

【补充说明】

（1）单个操作：可新建、编辑和删除单个部门。

（2）批处理：点击“模板导出”，按要求填写模板，点击“组织机构导入”导入完成的模板。

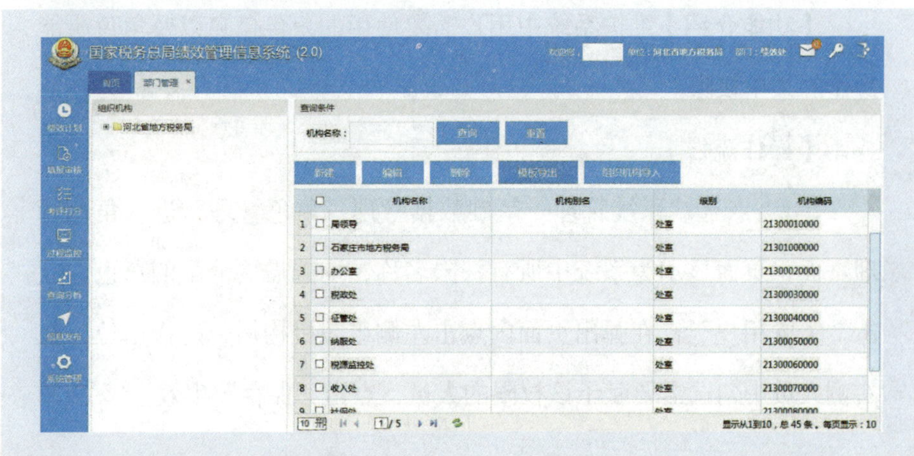

用户管理

【功能介绍】维护个人用户账号等相关信息。

【操作流程】点选“系统管理—基础数据管理—用户管理”进入用户管理页面，左侧为组织机构树，点击单位名左侧可显示该单位下人员。

【补充说明】

（1）单个操作：可在某单位下新建、编辑、删除人员，可修改登录密码、分配人员角色。

（2）批处理：点击“模板下载”，按要求填写模板，点击“导入”导入完成的模板。

（3）在方案、指标的运行过程中，相关人员的名称、登录账号、密码信息的变更不影响该人员在系统内的职责、权限及指标定责等。

（4）在指标启动后，与指标相关的人员不可删除、不可变更角色。在某一指标进入考评流程后，与指标相关人员不可调整部门。

角色管理

【功能介绍】维护系统中用户需要使用的角色信息以及角色所能操作的菜单权限。

【操作流程】

（1）点选“系统管理—基础数据管理—角色管理”进入角色管理页面。页面显示为系统中所有权限名称，勾选需要分配的角色，点击“关联用户”，在弹出页面内点击左侧组织机构树，选择单位，在右侧人员中勾选需要赋予该权限的人员，点击“保存”生效。

（2）在角色管理页面，点击左侧“已关联用户”可查询该权限角色已经关联的用户。

【补充说明】

（1）省级及省级以下单位一般情况不存在二级部门。一级部门正、副职即指各处室（科）正、副职。

（2）绩效办：方案管理、指标导入下发、指标启动、机关方案加分标准维护、加减分提报审核、上级指标关联。

（3）被考评部门联络员：设置系统指标落实到本部门的指标定责，配置填报流程。

（4）考评单位联络员：机关个性、共性指标考评流程设置和加分审核、加减分提报、上级指标关联。

（5）被考评单位联络员：个性、共性指标定责，申报加分。

（6）其他权限角色。

■ 组织测评

测评库管理

1. 指标模板

【功能介绍】制定测评指标。

【操作流程】

（1）点选“组织测评—测评库管理—指标模板”。

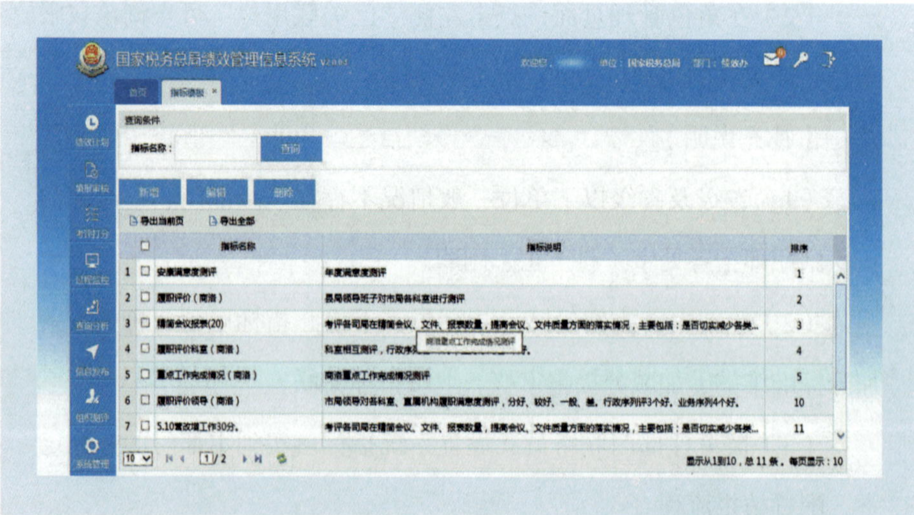

（2）点击“新增”，填写“指标名称”“指标说明”“排序”，完成后点击“保存”。

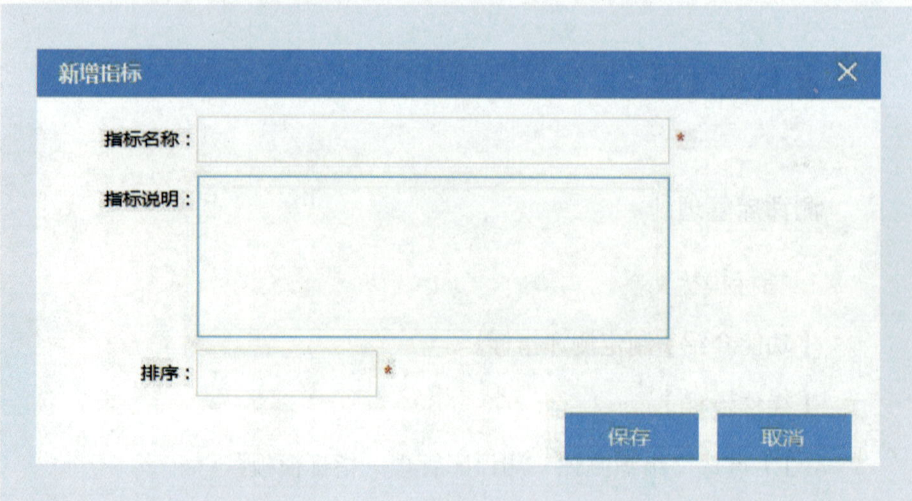

【补充说明】

（1）“指标名称”指某一次测评的名称，为必填项。“指标说明”指对该条指标具体含义的一个详细描述，为非必填项。“排序”指该条指标在“指标模板”页面中出现的具体顺序，为必填项。

（2）指标模板可以“新增”，可以“编辑”，也可以“删除”。

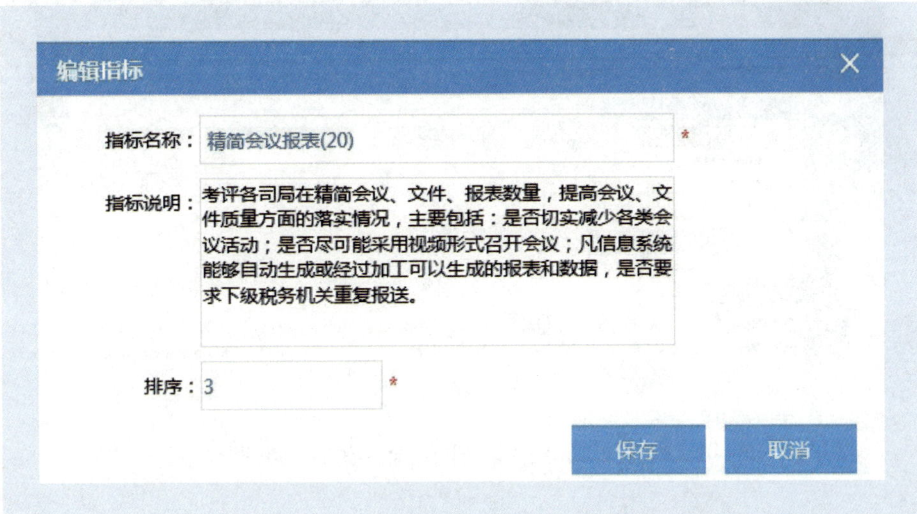

（3）在“指标模板”页面中可以查询某一次测评指标。

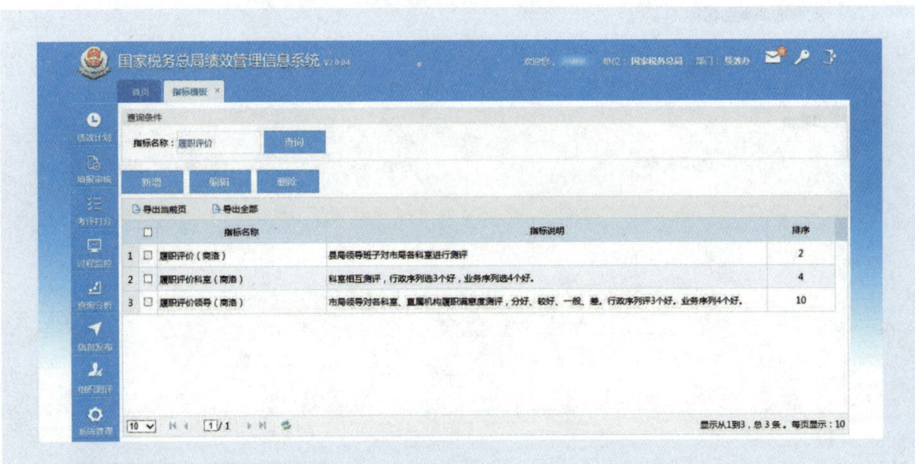

2. 测评选项

【功能介绍】制定测评所需的选项。

【操作流程】

（1）点选“组织测评—测评库管理—测评选项”。

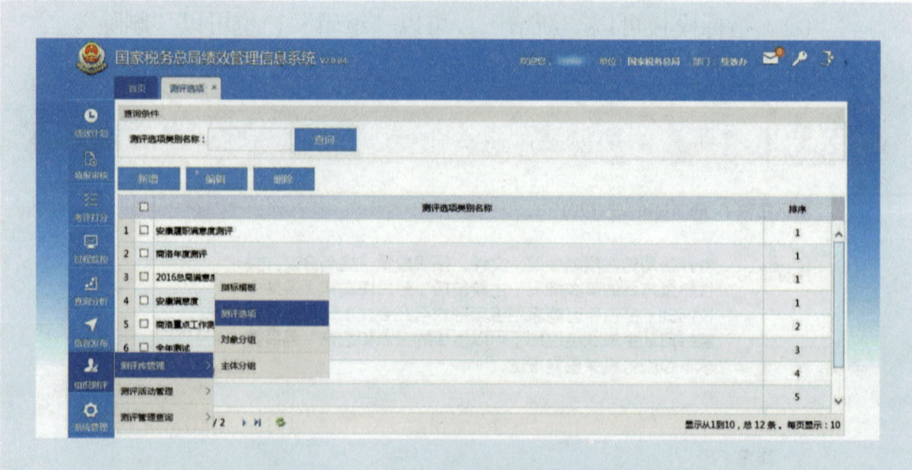

（2）点击“新增”，出现“新增选项类别”页面。

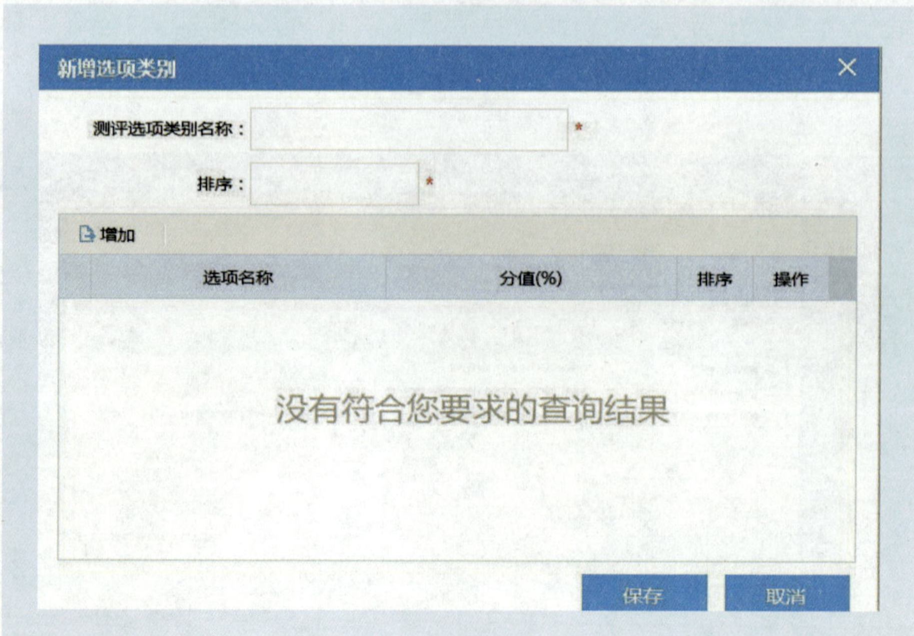

（3）填写“测评选项类别名称”“排序”，再点击“增加”按钮，则在其下方新增一个空白行，将鼠标移至“选项名称”“分值”“排序”下方的空白处，单击，分别将其填写完整，这样一个选项就制作完成，同样的方法可制作第二个、第三个、第四个……选项。增加完所有选项后点击“保存”即可。

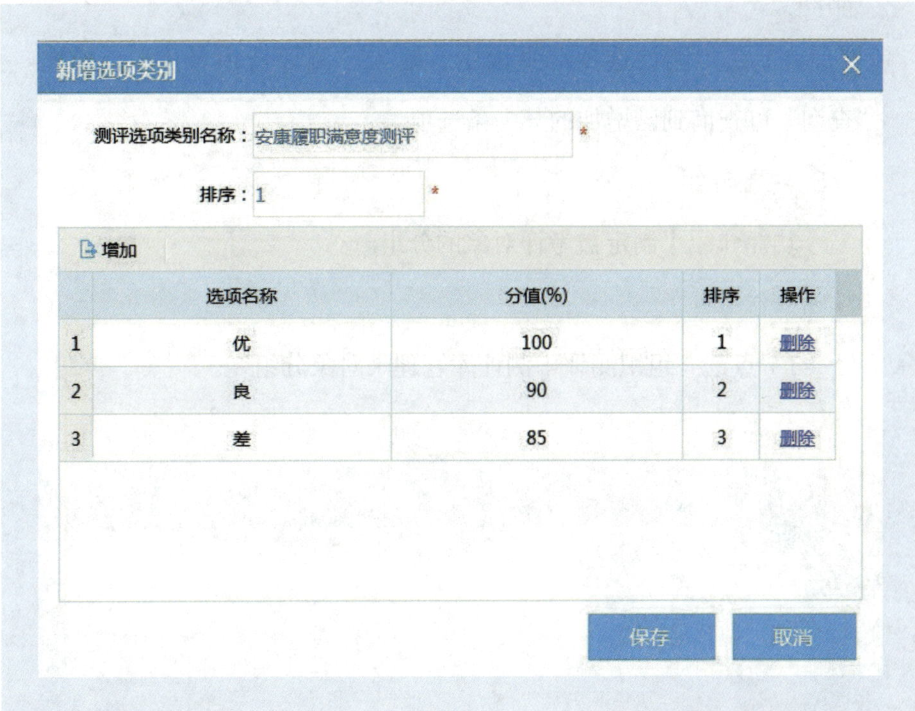

【补充说明】

（1）“测评选项名称”指某一条测评选项的具体名称，例如：测评选项名称1：好（100）、较好（90）、一般（80）、差（0）；测评选项名称2：优（100）、良（90）、中（80）、差（60）；测评选项名称3：好（100）、较好（90）、一般（80）；“测评选项名称”为必填项。“排序”指该选项在“测评选项”页面中出现的具体顺序。

（2）在“测评选项”页面中可对已新增的“测评选项名称”进行“编辑”和“删除”。

（3）在“新增选项名称”页面中可对某一具体选项进行“删除”。

（4）在“测评选项”页面中，输入“测评选项名称”，点击“查询”可查询到已增加的某一条选项。

3. 对象分组

【功能介绍】制定被考评对象的分组。

【操作流程】

（1）点选“组织测评—测评库管理—对象分组”。

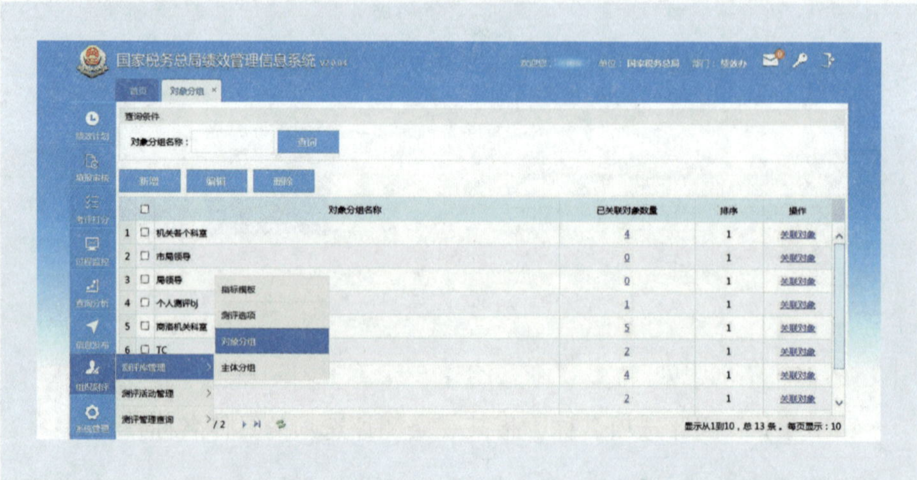

（2）点击“新增”，系统弹出“新增对象分组”对话框。

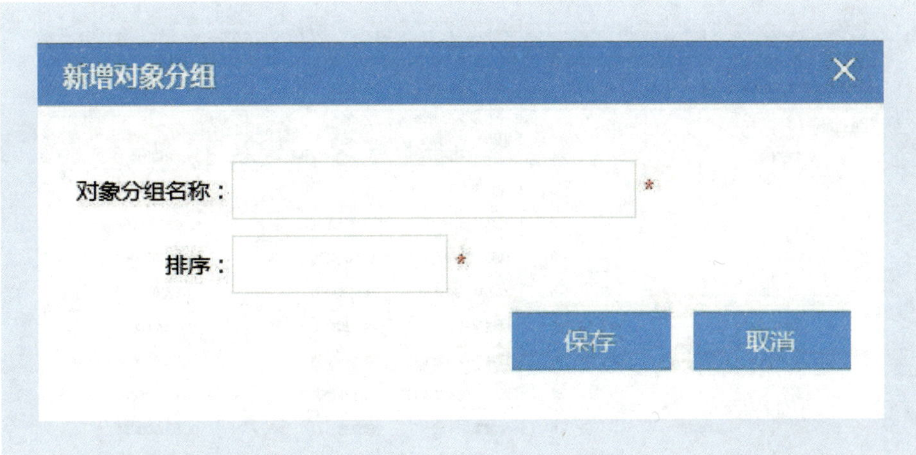

（3）填写“对象分组名称”“排序”，点击“保存”，则会增加一条新的对象分组。

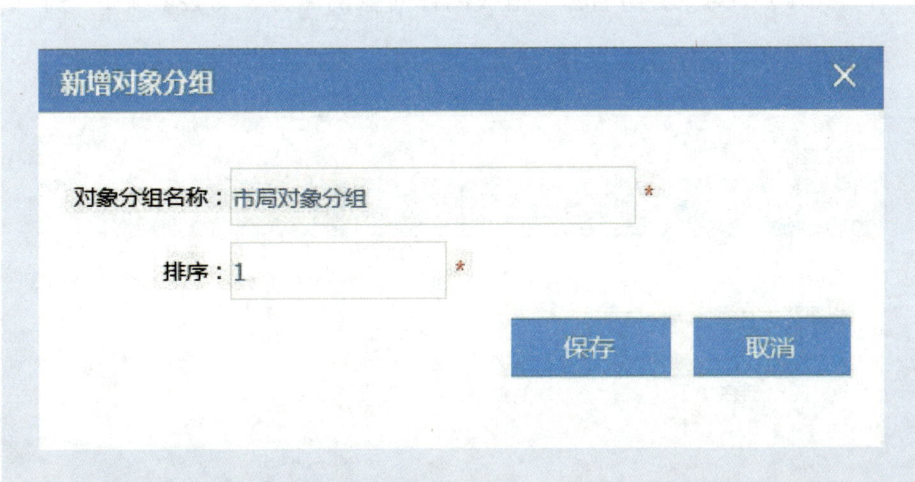

（4）点选所增加的“对象分组名称”（如商洛机关科室），点击“关联对象”，然后点击左侧组织机构树形图，在右侧“待选择”标签中选取需要被测评的部门，点击“保存”，则所选择的被测评部门就会出现在右侧“已选择”标签中。

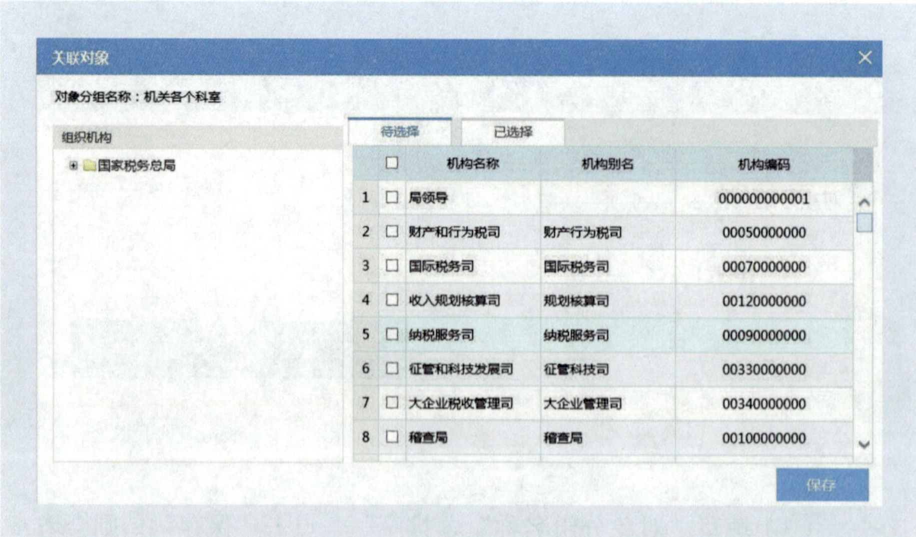

【补充说明】

（1）“对象分组名称”指被测评对象的名称，为必填项。“排序”指该条对象分组在“对象分组”页面中出现的具体顺序，为必填项。

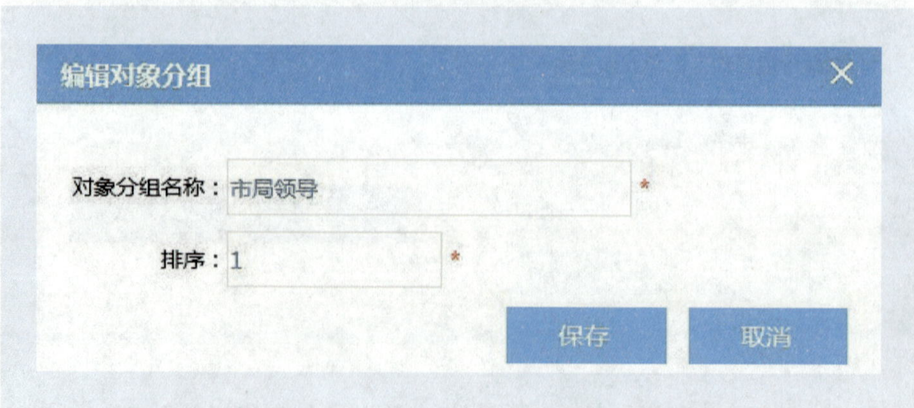

（2）对象分组可以“新增”，可以“编辑”，也可以“删除”。

4. 主体分组

【功能介绍】制定考评主体的分组。

【操作流程】

（1）点选“组织测评—测评库管理—主体分组”。

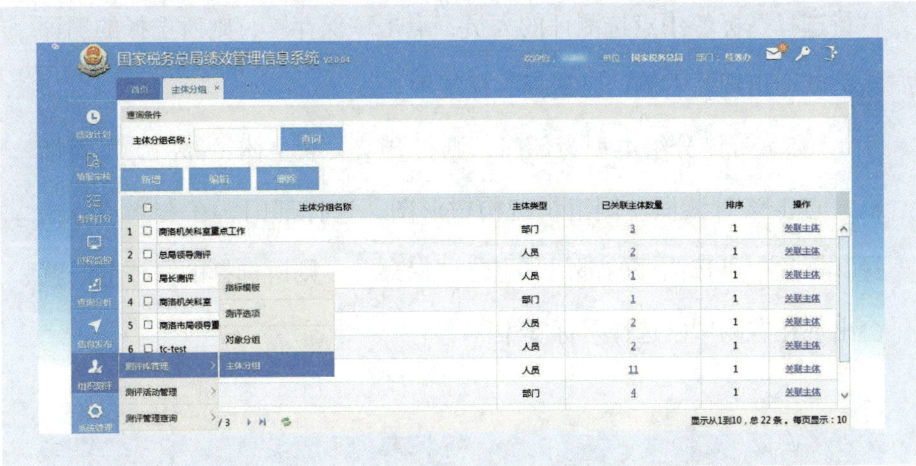

（2）点击“新增”，填写“主体分组名称”，选择“主体类型”（有部门和个人两种）、“排序”。

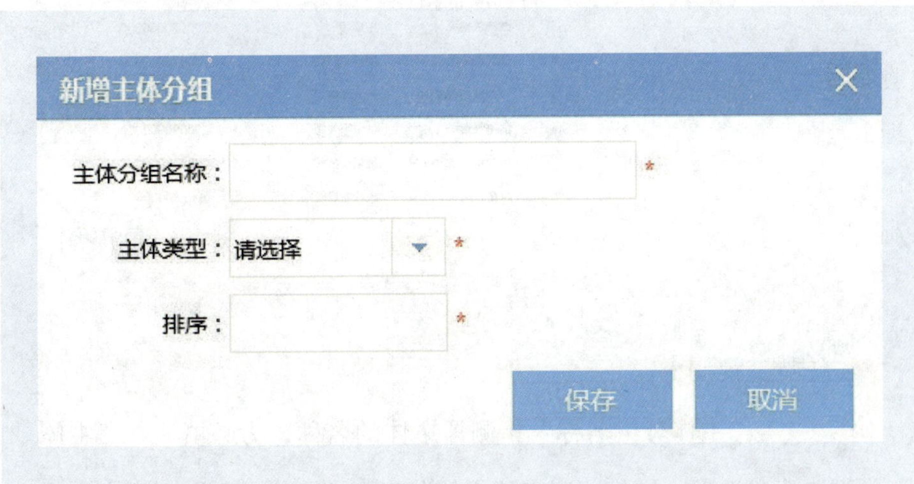

（3）完成后点击“保存”，即可新增一个主体分组。

（4）点选某一个主体分组，点击“关联主体”，若该分组类型为人员，则打开“关联主体（人员）”对话框，点击该对话框左侧组织机构树形图，选择部门，该部门中的人员就会显示在右侧，在右侧“待选择”标签中点选测评的人员，点击“保存”，则所选择的测评人员就会出现在右侧“已选择”标签中。

（5）若该分组类型为部门，则打开“关联主体（部门）”对话框，点击该对话框左侧组织机构树形图，选择部门，在右侧“待选择”标签中点选测评的部门，点击“保存”，则所选择的测评部门就会出现在右侧“已选择”标签中。

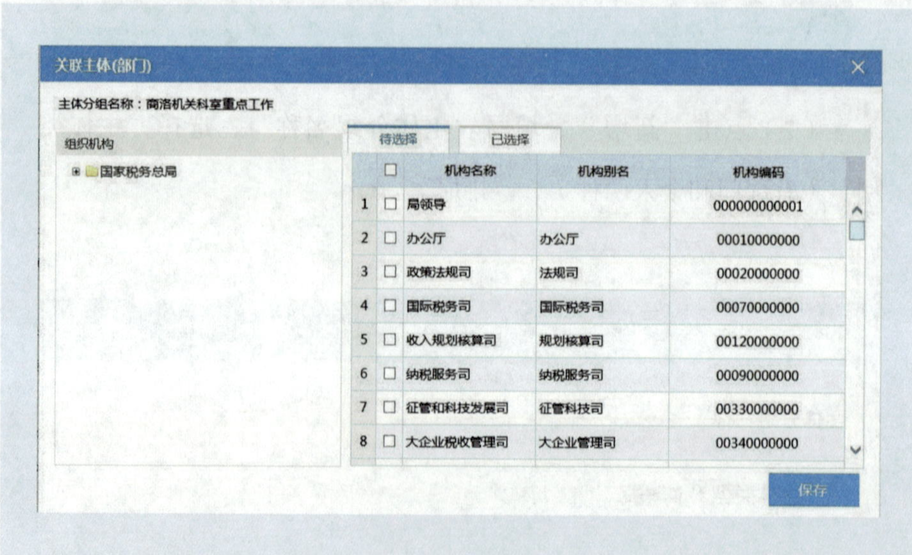

【补充说明】

（1）“主体分组名称”指测评主体的名称，为必填项。“主体类型”为必选项。“排序”指该主体分组在“主体分组”页面中出现的具体顺序，为必填项。

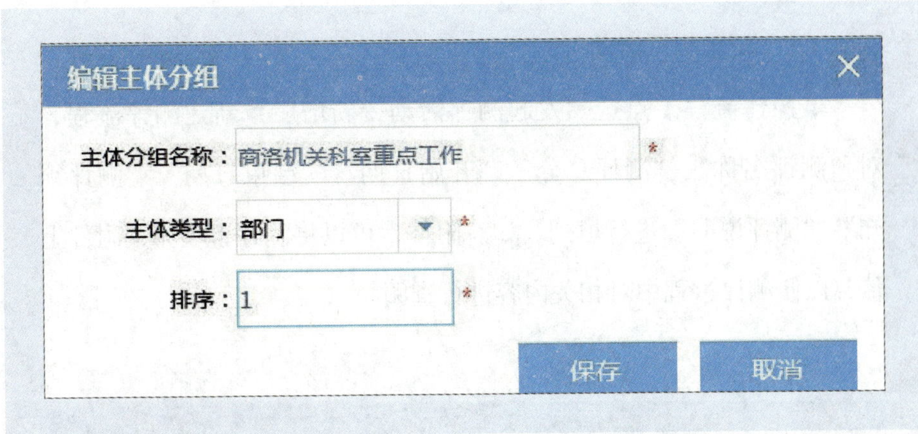

（2）主体分组名称可以“新增”，可以“编辑”，也可以“删除”。

测评活动管理

1. 发起活动测评

【功能介绍】可发起本级范围内绩效测评事项，对某一测评任务进行流程设定，对测评对象、测评主体、测评指标进行关联设定，对测评表进行预览、开启测评事项。

【操作流程】点选“组织测评—测评活动管理—发起测评活动”。

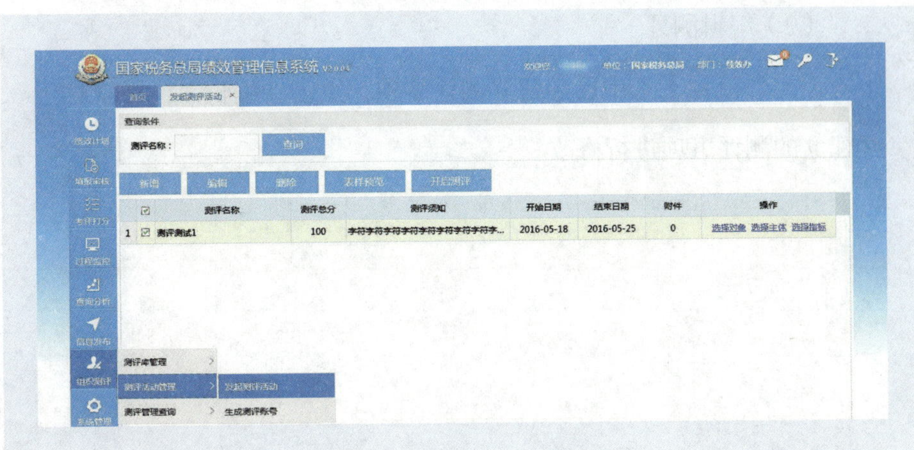

（1）新建测评活动

【操作流程】点选“发起测评活动—新增”，新建测评流程，对“测评名称”“测评总分”“开始日期”“结束日期”“测评须知”“测评说明”进行填列，如有附件，可以将测评事项相关附件上传，以便测评过程中对相关内容进行查阅。

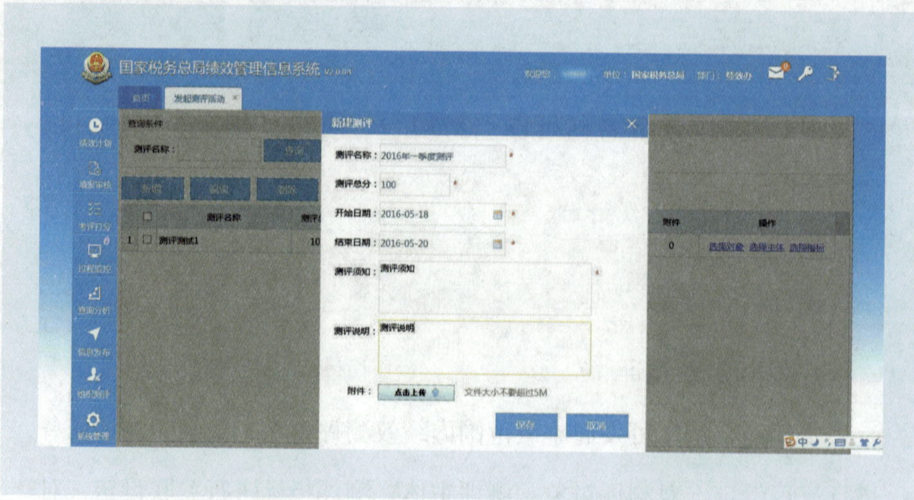

【补充说明】测评开始日期与结束日期不得为同一天，结束日期必须大于开始日期。

（2）编辑测评

【操作流程】选中已经建立测评事项，点击“编辑”，可以对已经建立的测评事项进行修改。

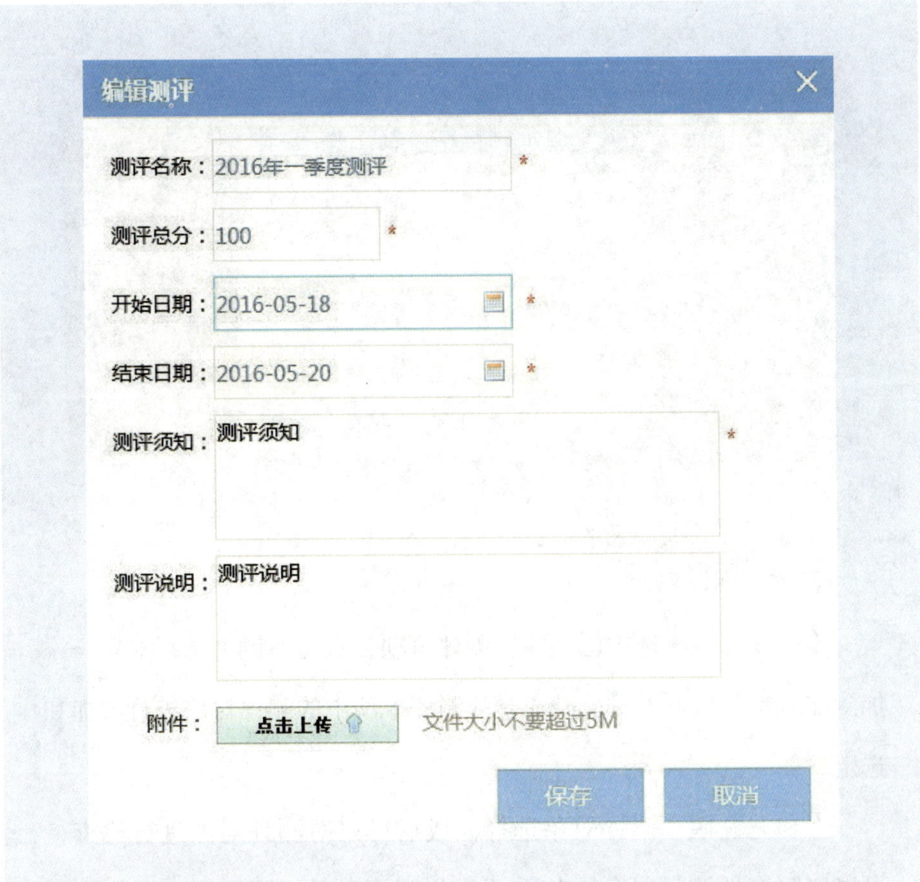

（3）删除测评事项

【操作流程】选中已经建立测评事项，点击“删除”，可以对已经建立的测评事项进行删除。

（4）选择对象

①按分组选择

【操作流程】选中已经建立测评事项，点击右侧“选择对象—按分组选择”，可以对已经建立的测评事项中测评对象进行选定，此项操作可在“测评库管理—对象分组”中选择已经建立的测评对象。

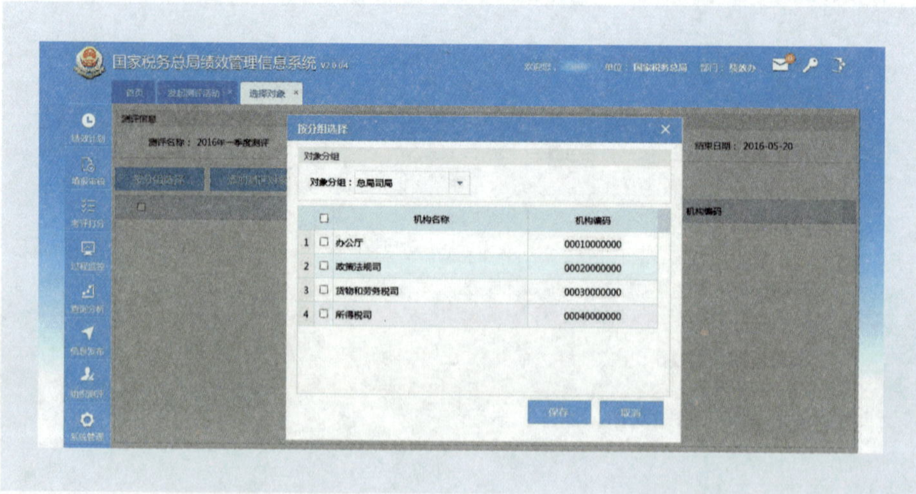

② 添加测评对象

【操作流程】选中已经建立测评事项，点击右侧“选择对象—添加测评对象”，可以对已经建立的测评事项中的测评对象进行添加和选定。

【补充说明】测评对象选择完成后可以对测评对象进行检查，可以删除多选测评对象。如需要增加测评对象，可以再次添加测评对象。

（5）选择主体

① 添加

【操作流程】选中已经建立测评事项，点击右侧“选择主体—添加—添加主体组”，可以对已经建立的测评事项中的测评主体进行选定。

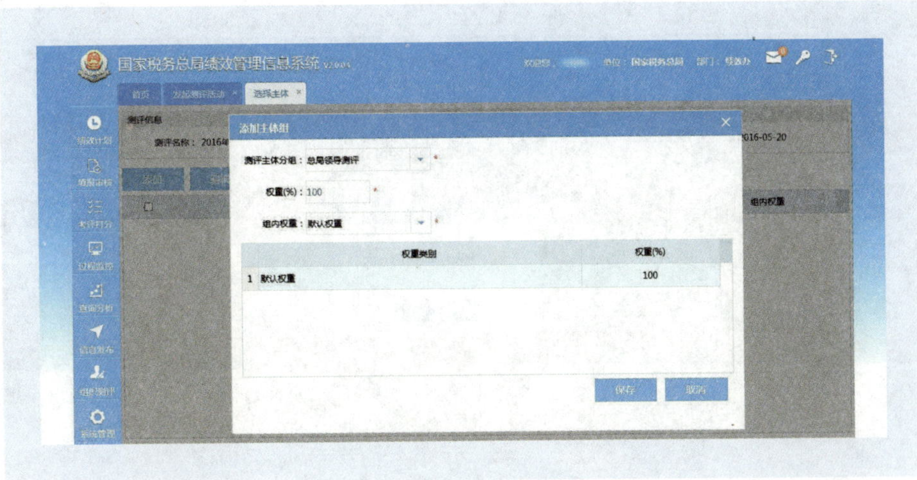

【补充说明】“添加主体组”是对测评主体及测评权重进行设定，权重按测评方案进行分值分配。

② 编辑

【操作流程】“选中测评主体—编辑—编辑主体组”，可以对已经建立的测评事项中的测评主体进行修改。

【补充说明】“编辑主体组”是对测评主体及测评权重进行修改，“组内权重”中“分管权重、非分管领导权重”此项关联在“系统管理—基础数据管理—分管管理”中进行设定。

③ 删除

【操作流程】“选中测评主体—删除”，可以对已经建立的测评事项中的测评主体进行删除。删除后可以重新添加测评主体。

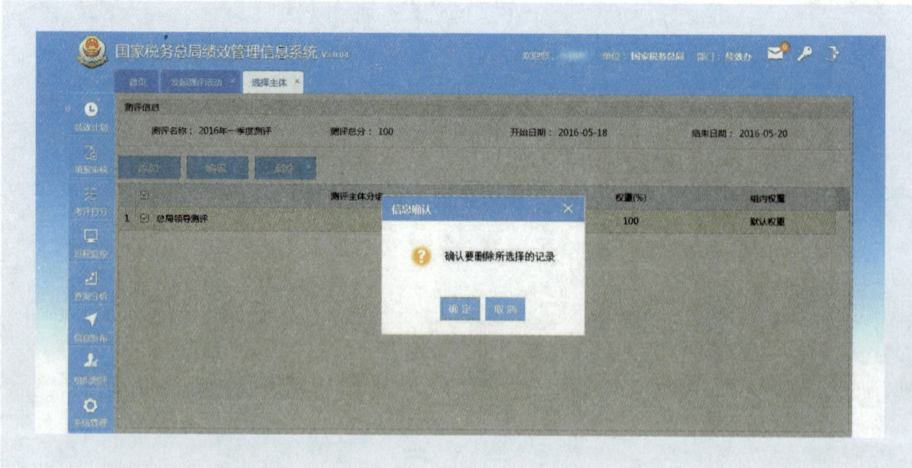

（6）选择指标

① 添加

【操作流程】选中已经建立测评事项，点击右侧“选择指标—添加—添加测评指标”，可以对已经建立的测评事项中的测评指标进行选定。

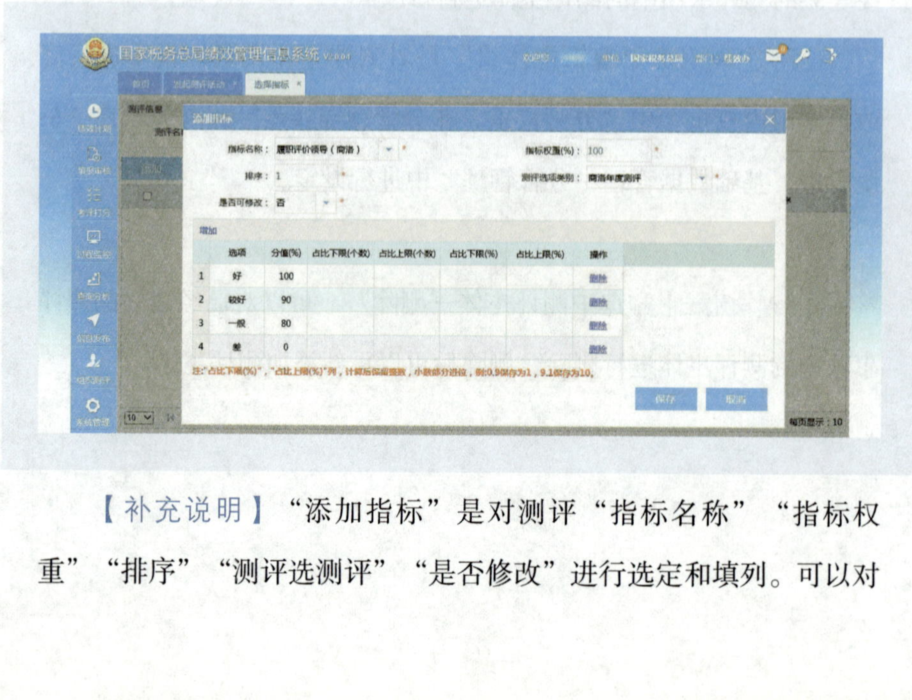

【补充说明】“添加指标”是对测评“指标名称”“指标权重”“排序”“测评选测评”“是否修改”进行选定和填列。可以对

“测评选项”进行权重修改，对测评等次进行限定。“是否修改”选择“否”则测评投票分值为固定值，选择“是”可以对测评投票分值进行范围设定。可以增加、删除“测评选项”中“选项名称”“分值”“占比上下限”等。

② 添加

【操作流程】选中已经建立测评事项，点击右侧“选择指标—编辑—修改测评指标”，可以对已经建立的测评事项中的测评指标进行修改。

③ 删除

【操作流程】“选中测评指标—删除”，可以对已经建立的测评事项中的测评指标进行删除。删除后可以重新添加测评指标。

（7）表样预览

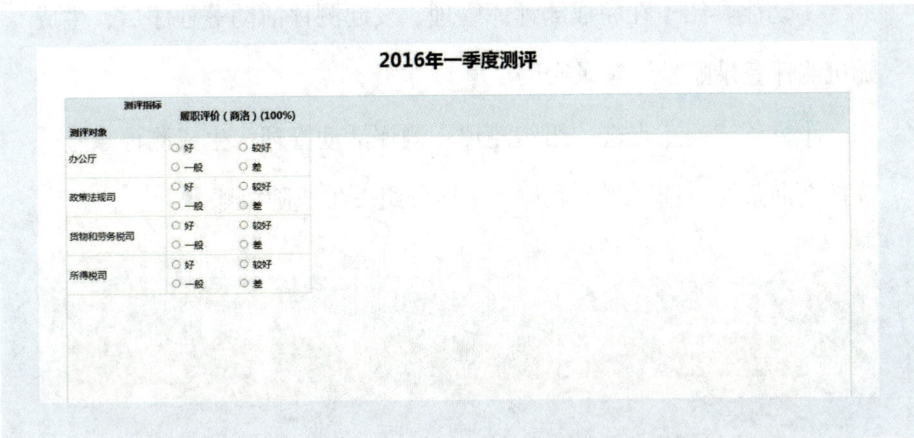

【操作流程】“选中测评名称—表样预览”，可以对建立的测评事项投票测评网页显示情况进行预览，以便对“测评对象”“测评主体”“测评指标”等进行调整。

（8）开启测评

【操作流程】“选中测评名称—开启测评”，对建立的测评事项启动测评。

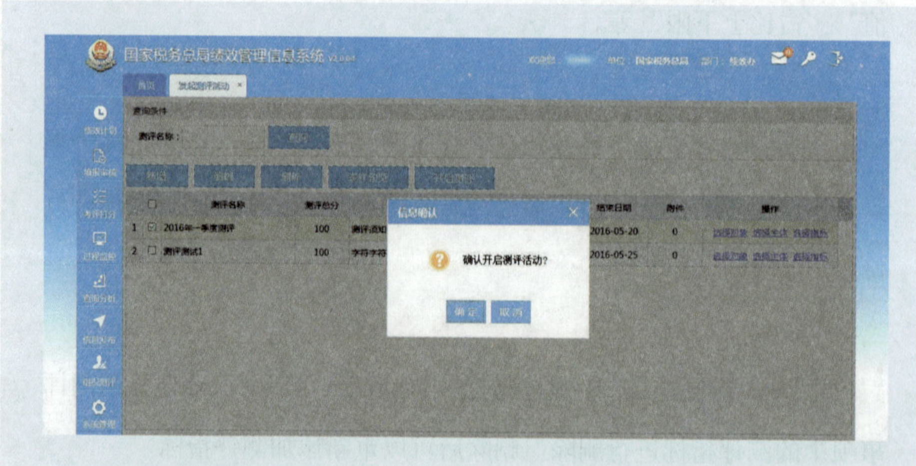

2. 生成测评账号

【功能介绍】在完成测评库管理、发起测评活动等程序后，生成随机测评登录账号、登录密码。

【操作流程】点选“组织测评—测评活动管理—生成测评账号—选择查询条件—选择测评名称、主体分组—生成随机账号”。

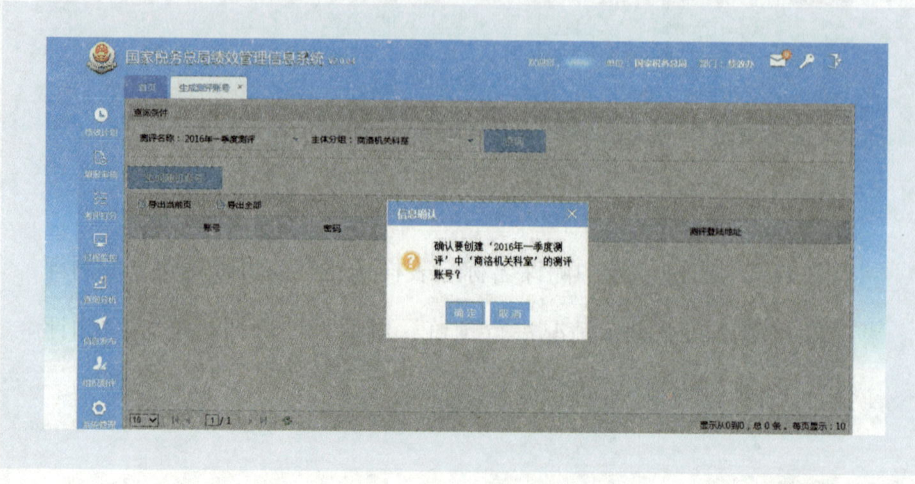

【补充说明】“生成随机账号”为符合保密性要求，生成测评随机登录的账号、密码、测评主体、测评登录地址。当测评主体为部门（单位）时则生成随机登录账号；如测评主体为个人，则此时不显示测评账号，测评人员用绩效管理系统账号登录，在首页功能区点击“测评”，跳转页面进行测评。

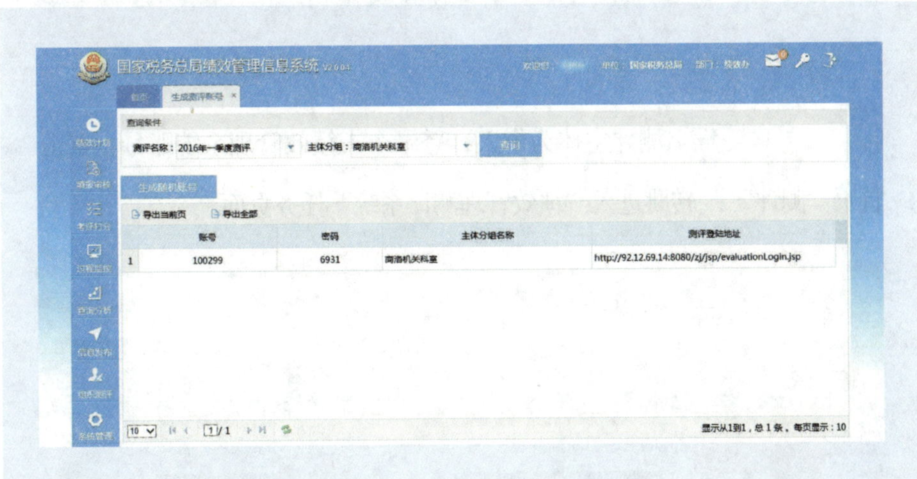

3. 测评投票

【功能介绍】使用下发的测评账号、密码和登录地址进行测评，完成测评投票。

（1）测评登录

① 测评主体为“部门（单位）”

【操作流程】部门（单位）投票根据生成的随机登录账号、密码、登录地址进行登录网上测评，进入“绩效管理测评系统”任务页面。

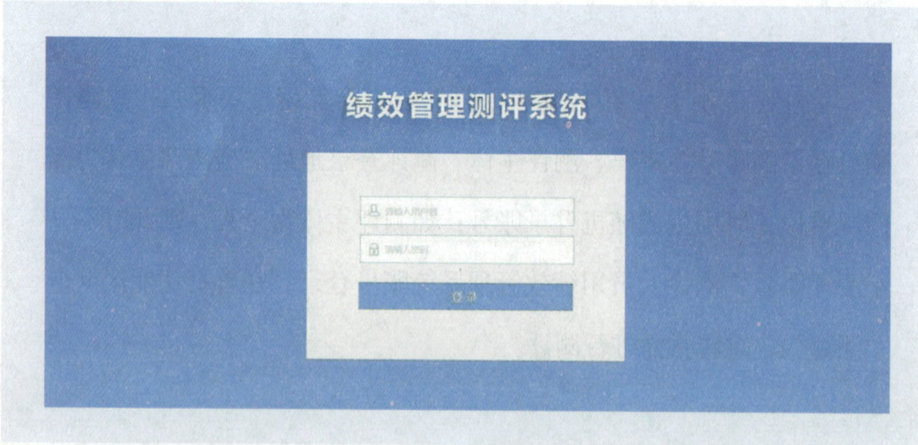

②测评主体为“个人”

【操作流程】测评主体为个人，登录个人绩效管理系统账号，点击首页“测评”，转跳进入“绩效管理测评系统”任务页面。

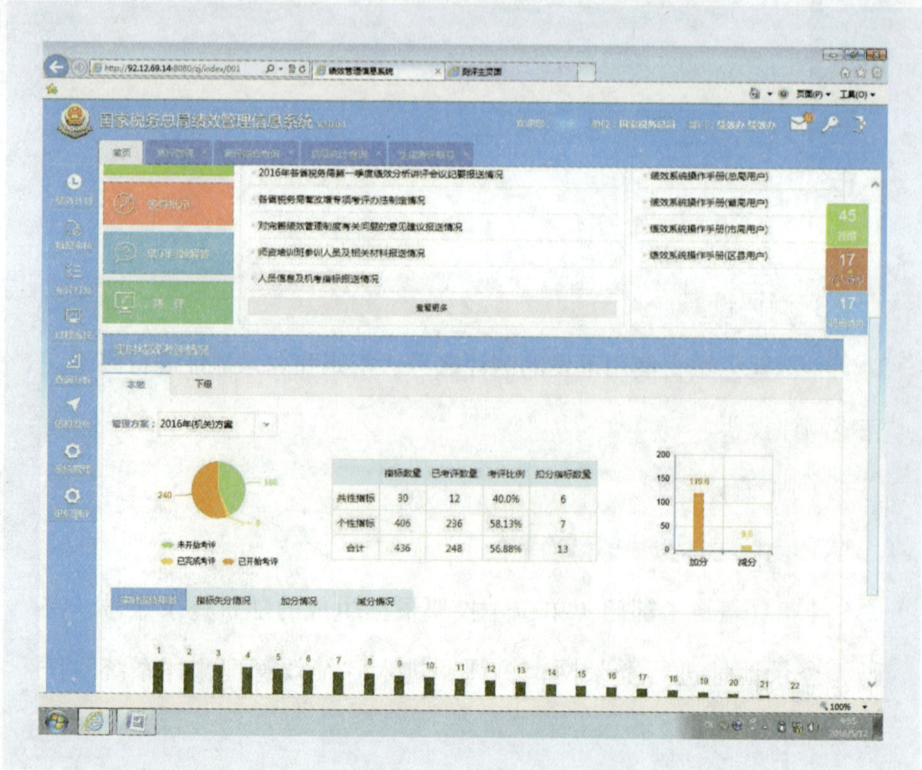

（2）查看测评任务

【操作流程】登录后进入投票任务界面，可以查看当前测评工作任务，选择需要测评的事项，点击“进入测评”进入“测评须知”页面。

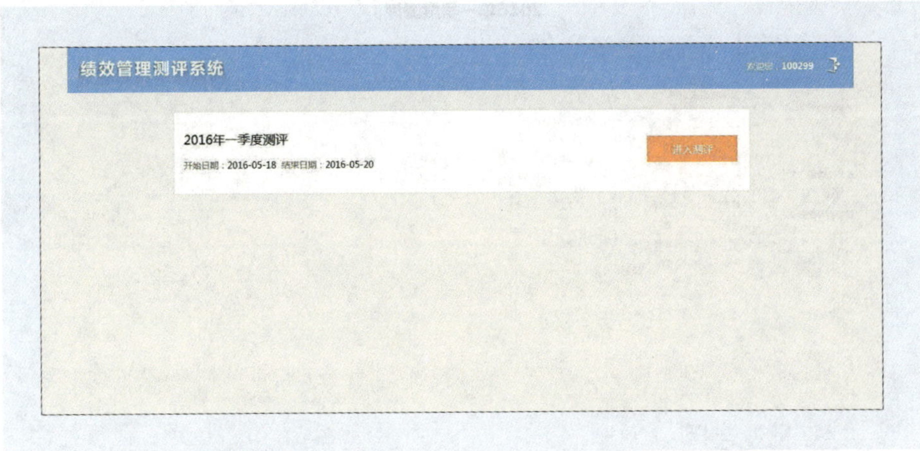

（3）查看测评须知

【操作流程】在测评任务下，可以查看测评事项及具体要求，下载附件进行游览，点击“开始测评”进入投票页面。

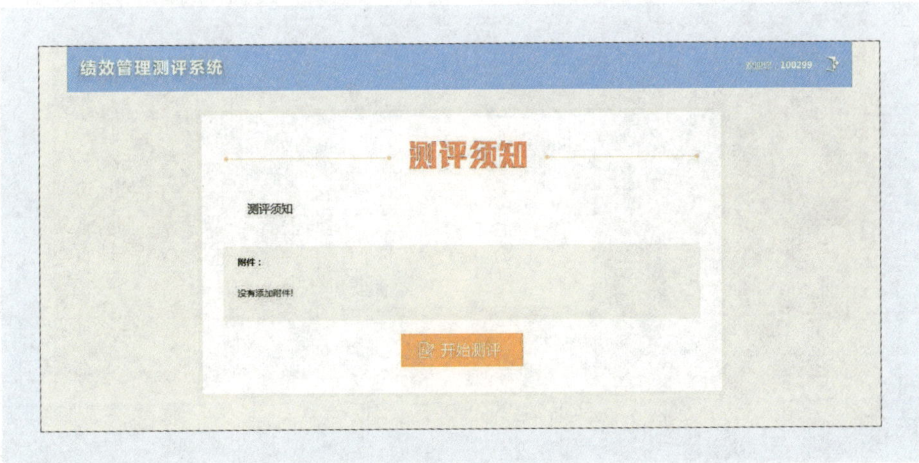

（4）测评投票

① 投票

【操作流程】在测评界面进行投票。

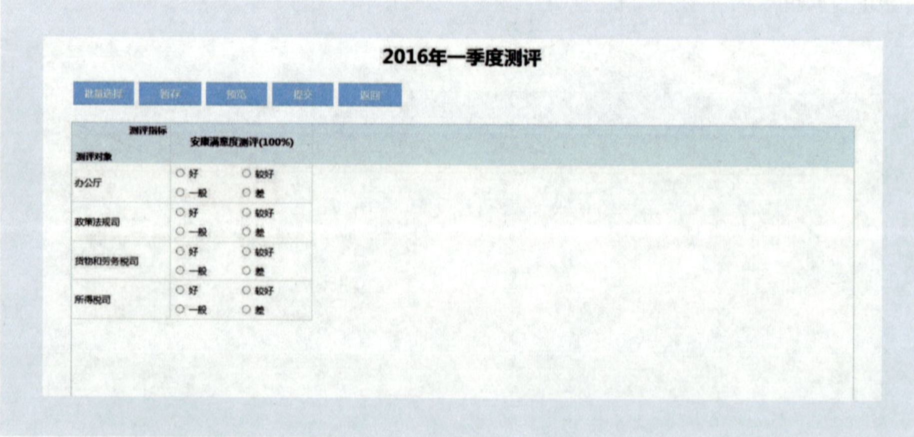

② 批量选择

【操作流程】点击“批量测评”可选择“测评指标”进行批量投票操作。

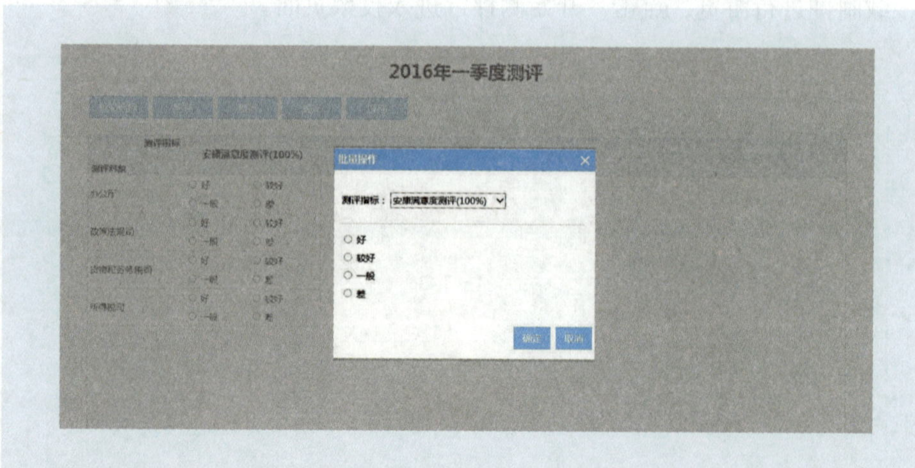

③ 投票暂存

【操作流程】点击“暂存”可以对当前测评任务及进度进行保存处理，暂停、退出重新登录后可以修改。

④ 投票预览

【操作流程】点击“预览”可以对当前测评任务及进度进行预览。

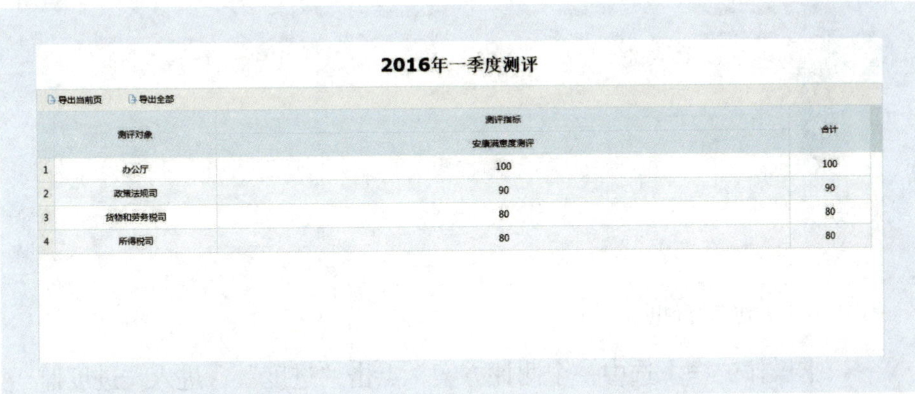

2016年一季度测评

导出当前页　导出全部

	测评对象	测评指标 安康满意度测评	合计
1	办公厅	100	100
2	政策法规司	90	90
3	货物和劳务税司	80	80
4	所得税司	80	80

⑤ 提交

【操作流程】点击“提交”完成当前测评任务下测评投票工作，且提交后无法修改。

⑥ 返回

【操作流程】点击“返回”可以返回到“测评任务”界面，对是否完成测评任务进行查看。

测评管理查询

1. 测评管理

【功能介绍】对开启的测评事项进行跟踪管理，对测评进度、实时测评得分计算、终止测评、测评时间调整、结束测评流程进行管理。

【操作流程】点选“组织测评—测评管理查询—测评管理”，根据测评方案名称查询完成情况。

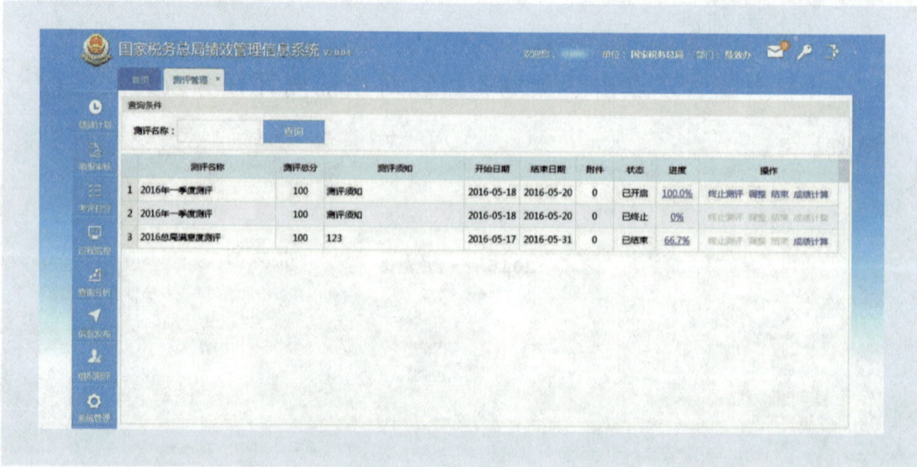

（1）进度查询

【操作流程】选中一个测评方案，点击“进度”，进入“进度监控”界面，通过“已测评和未测评”下拉菜单选择，查看已测评或未测评人员账号或部门。

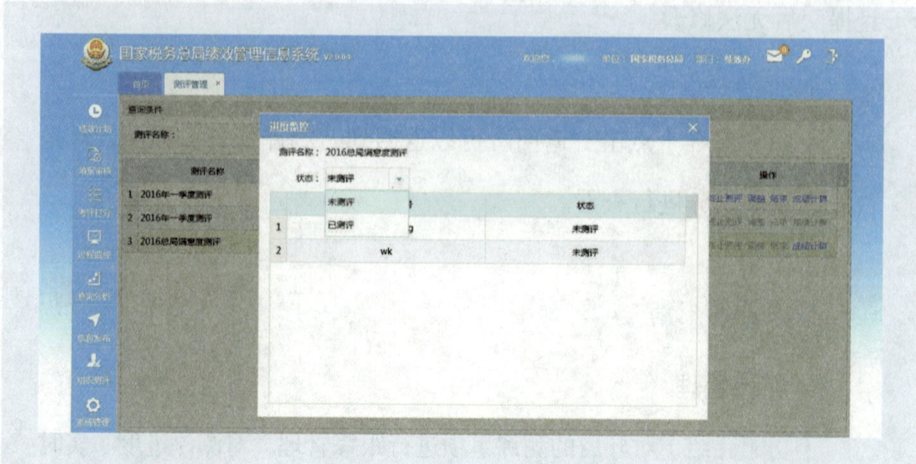

（2）终止测评

【操作流程】若需要终止此测评方案，点击“终止测评”，此测评方案已测评结果无效。

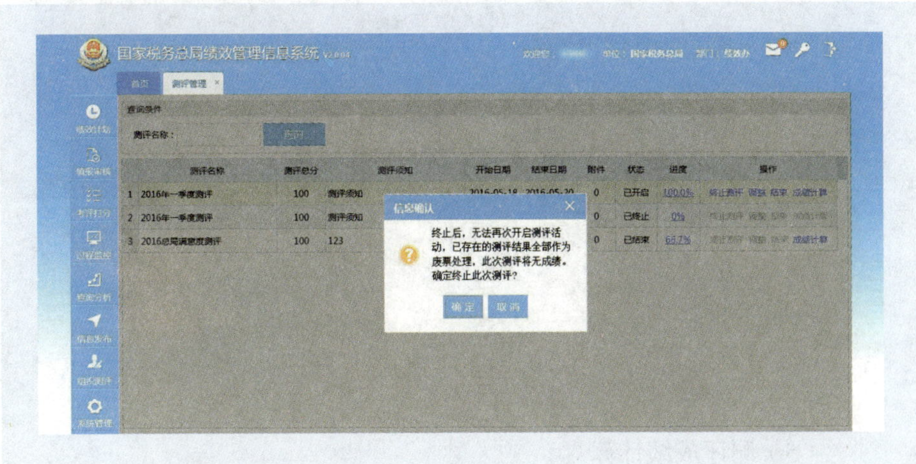

（3）测评调整

【操作流程】只能对此次测评方案的结束日期进行调整。

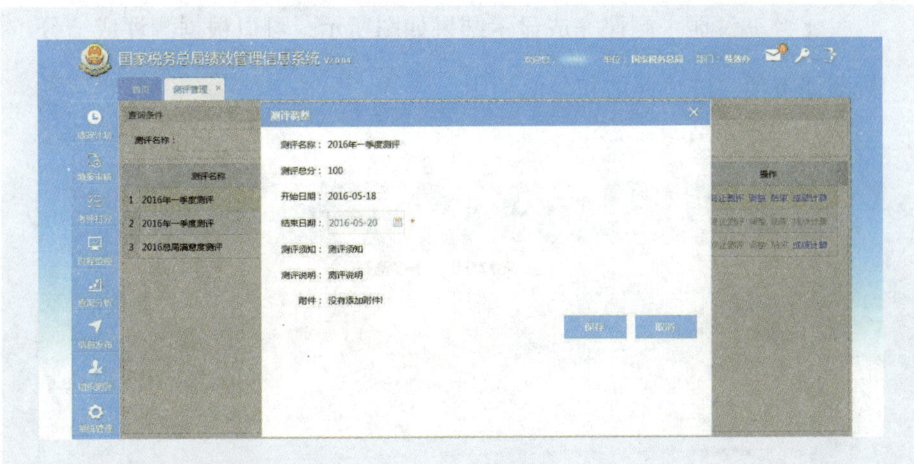

（4）测评结束

【操作流程】点击“结束”后，此测评方案结束，“终止测评”“调整”“结束”三按键变灰，只能进行成绩计算。

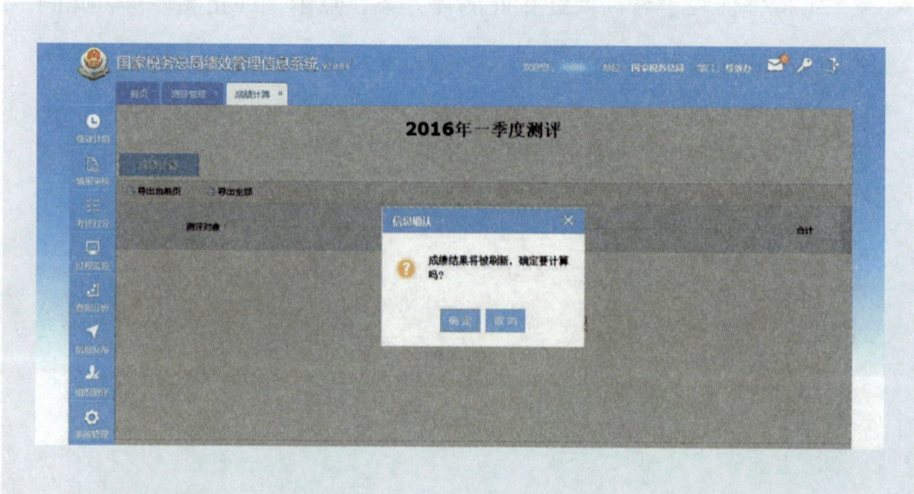

（5）测评成绩计算

【操作流程】测评未结束时也可进行成绩计算，但只是部分成绩。测评完后，点击“成绩计算”显示更新后的全部测评成绩。

【补充说明】测评完成显示结果如图所示，可以根据测评成绩分析测评事项，进行评估和分值利用。

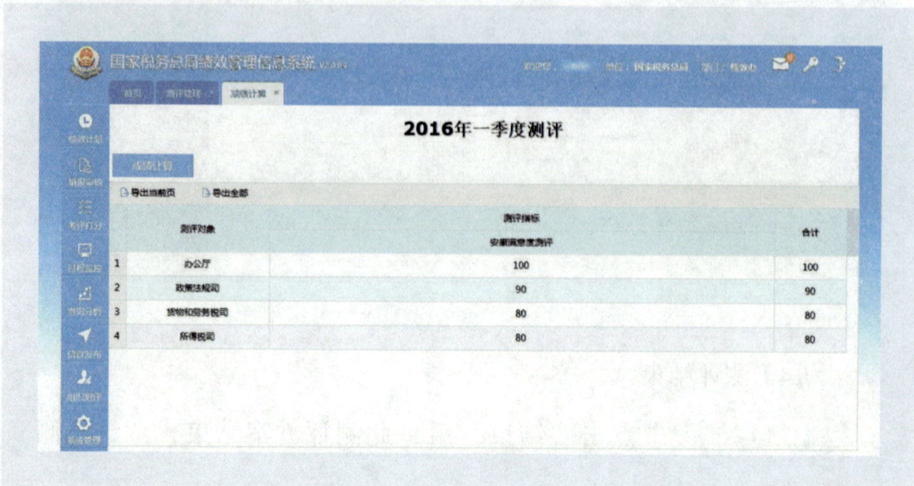

2. 测评综合查询

【功能介绍】对已经完结的测评事项进行查询，对测评进度、测评结果、测评统计得票详细情况进行查询。

【操作流程】点选“组织测评—测评管理查询—测评综合查询”。根据测评方案名称查询已结束测评方案的完成进度和测评结果情况。

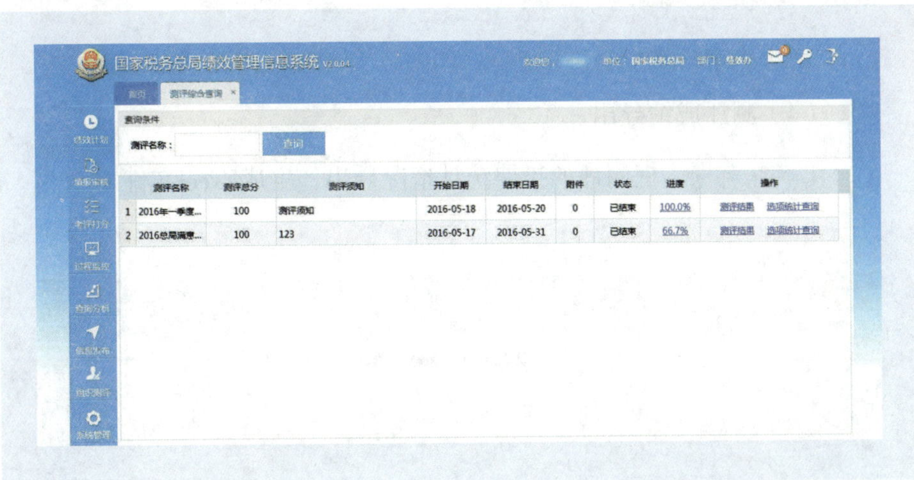

（1）进度查询

【操作流程】选中一个测评方案，点击“进度”，先进入监控界面，通过“已测评和未测评”下拉菜单选择，查看已测评或未测评人员账号或部门。

（2）测评结果

【操作流程】显示测评出来的实际计分成绩。

（3）选项统计查询

【操作流程】显示测评统计的投票统计成绩。

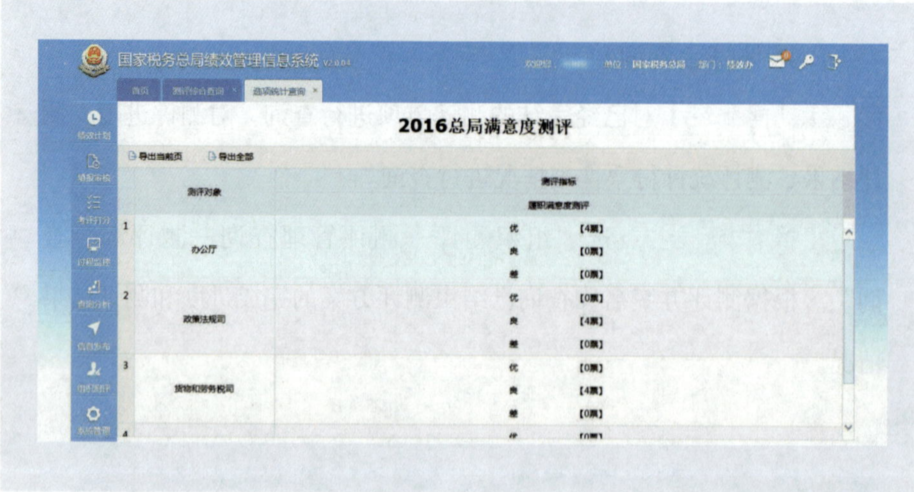

（4）测评成绩导出

【操作流程】把测评的投票统计情况导出，生成Excel文件。

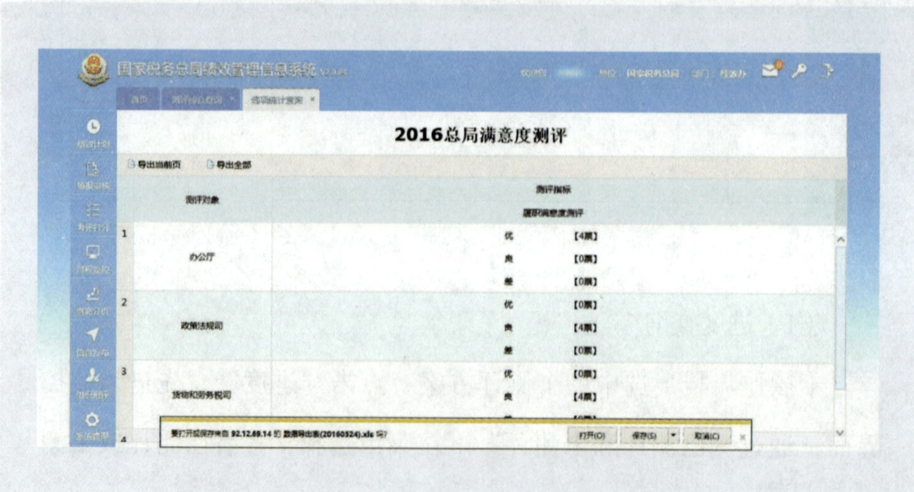

■ 资料管理

绩效办、考评单位和被考评单位应及时整理绩效管理工作中的文件资料、制度办法、数据台账、会议纪要、分析报告、讲评材料、考评工作底稿、考评结果等相关材料，保证资料完整、数据真实，以备查验。

责任部门篇

绩效管理的执行力

考评单位

被考评单位

考评单位与被考评单位关联考评

绩效联络员

计划（要求）、执行、检查（督查）、改进的管理流程的坚持和完善，对做好一个单位的工作，改进一个单位的作风，树立一个单位的形象十分重要。

——王军

考评单位

各级税务机关及其内设部门作为绩效管理考评单位时，应履行以下职责：

- 参与起草绩效管理制度规范和工作方案；
- 负责拟制对被考评单位的绩效指标；
- 指导督促日常管理和绩效改进；
- 开展绩效考评及分析反馈；
- 完成领导小组交办的其他工作。

小贴士

处理好指标承接与自创的关系。多动脑筋钻研绩效管理运行机理，设计出符合绩效管理要求、能推动本单位重要工作的指标体系，推动绩效管理品牌建设。要紧密结合工作实际，对上一级税务机关下达的考评指标进行分解定责，按照“横向到边、纵向到底，任务到岗、责任到人”的原则，明确领导班子成员、内设部门、下一级税务机关及相关岗位人员的责任。

注重抓关键，设置和优化指标。既要防止把绩效管理当作“万能”的筐，事无巨细均纳入考评，导向性不明确，“指挥棒”作用不明显；又要防止重考评、轻管理，绩效运转与实际工作开展不衔接、走形式。按照“横到边、纵到底”的目标要求，突出可用、可考、可比，拿出立得起、抓得住的指标，不要“眉毛胡子一把抓”，同时在统一的绩效指标体系之外，不要再单独出台自成体系的指标，避免多头考评。改进分档指标考评，增强分档指标均衡性、综合性。特别是落实逐级分解指标只减不增，市考县机考指标占半数以上等要求，进一步减轻基层负担，促进提高考评质效。针对指标分解定责不精准、不规范问题，税务总局考评司局应在编制年度绩效指标时，同步编制绩效指标模板，明确相关指标在省、市、县税务机关分解层级。

注重科学公正，抓好日常考评。认真履行考评职责，跟踪对照各自负责考评的指标，切实加强组织、管理和指导辅导，有序开展考评工作。被考评单位要围绕指标，细化安排，制定措施，强化自我管理意识，把着力点放在发现问题短板上、放在持续改进上，促进流程再造、职能转变。

严格考评，考出公平，确保考评结果真正反映工作的实际，工作好的考评成绩就好，工作差的考评成绩就差。严肃考评纪律，该扣分的必须按规定扣分，绝不能怕得罪人、当老好人。建立健全考评单位与被考评单位之间、考评单位与监督部门之间的考评联动机制，做到环环相扣、相互制约。巡视、督察、审计、督查督办、舆情监测等部门要落实督考合一制度，与绩效管理部门、考评部门加强信息沟通，监督检查结果以及整改落实情况要作为指标考评的重要参考。

注重动态管理，强化过程控制、运转监控。通过信息平台，找准工作流程和节点，搞好日常考评和信息反馈。重点关注指标对应的工作运行效果，做到指标落地与改进工作相得益彰。考评结果要上网公开，保证公正性和透明性，推动工作持续改进。

在绩效管理信息系统中，考评打分选择考评部门负责人审核流程的，其考评审核操作流程如下。

■ 考评审核

【操作流程】

（1）点选“考评打分—需打分方案名称—考评审核”，选择“指标类型”，点击“查询”。

（2）选择需审核的指标，点击“考评审核”。

（3）审核“考评附件”“得分/扣分”“得分原因”，填写“审核意见”，符合要求点击“提交”，不符合要求点击“退回”修改。填写后可进行“暂存”，待修改完善后进行“提交”。

■ 考评审核批处理

【操作流程】

（1）点选“考评打分—需打分方案名称—考评审核批处理”，

选择需处理指标，点击“审核”。

（2）选择“周期”，审核“得分/扣分”“得分原因/扣分原因”，填写“部门副职审核意见/部门正职审核意见”，符合要求点击“提交”，不符合要求点击“退回”。填写后可进行“暂存”，待修改完善后进行“提交”。

被考评单位

各级税务机关及其内设部门作为绩效管理被考评单位时，应履行以下职责：

- 执行绩效管理制度规范及绩效计划；
- 分解落实绩效指标，开展日常管理；
- 开展数据采集及信息反馈；
- 开展绩效分析及绩效改进；
- 完成领导小组交办的其他工作。

在绩效管理信息系统中，填报选择被考评部门负责人审核流程的，其填报审核操作流程如下。

流程类型A：无须审核。

流程类型B：部门正职审核。

流程类型C：部门副职—部门正职审核。

■ 填报审核

【操作流程】

（1）点选“填报审核—需填报方案名称—填报审核”，选择“指标类型”，点击“查询”。

（2）选中需审核的指标，点击“指标填报审核”。

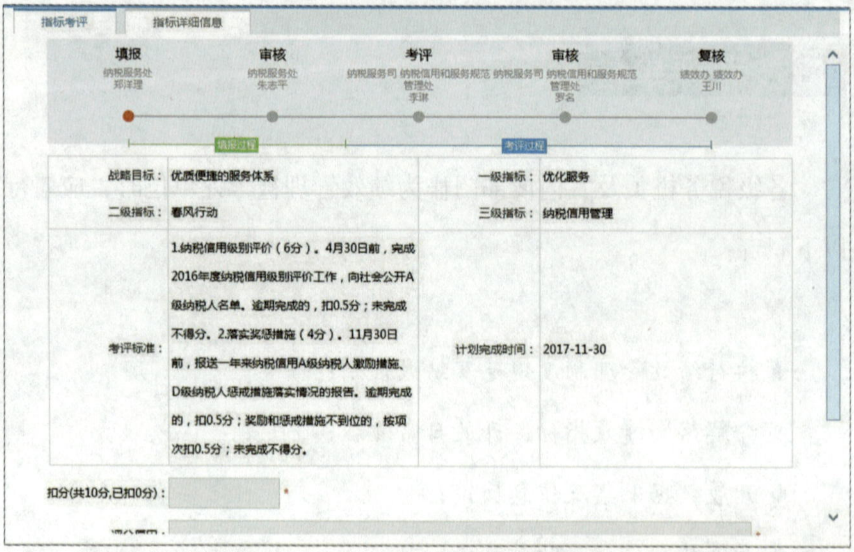

（3）审核“附件”“实际完成情况”，填写“审核意见”，符合要求点击“提交”，不符合要求点击“退回”，由填报人进行修改。填写后可进行“暂存”，待修改完善后进行“提交”。

【补充说明】

（1）已完成填报审核的指标，可在“已办工作”中进行查看，选中需查看指标，点击“已办工作查看”进行查看。

（2）指标填报审核不支持批量操作。

考评单位与被考评单位关联考评

组织司局和省局年初对司局编制指标质量进行测评，年度中间对司局履行考评职责情况进行测评，测评结果纳入司局绩效工作运转考评计分；组织司局和省局对税务总局绩效办进行“满意度测评”，分为“满意”“比较满意”“基本满意”“不满意”四档，并把“比较满意”以上占比在90%以上作为达标，低于90%进行考评扣分。对司局考评省局的重点工作任务指标，均纳入对司局的个性指标考评，并在考评司局共性指标中专设“工作指导”，根据各司局对口处室在省局机关年终考评中获得“第1段”等次的比例进行考评，这样将省局考评机关处室结果与税务总局归口管理司局挂钩，通过省局落实指标的质量，既反观司局推动工作的质量，又促进司局加强对省局机关对口处室的指导督导。

在税务总局组织对各地督查、对考评司局核查中发现与指标落实相关的问题以及在指标落实中造成社会不良影响，经查实属于司局责任的，既作为对省局指标考评的参考，又对相关司局扣分，以强化司局对省局的督导指导责任。

小贴士

考评单位和被考评单位是一组相对的概念，不是一成不变的。在上下级纵向考评中，对于上级而言，本级是被考评单位，而对于下级而言，本级又是考评单位；在机关横向考评中，就某一个指标而言，甲是考评单位，乙是被考评单位，而就另外一个指标而言，又可能变成了甲是被考评单位，乙是考评单位。所以，在确定考评单位和被考评单位时，要结合具体环境和指标来区分。根据在绩效管理链条中所处地位和承担角色不同，各级税务机关及其内设部门都有可能承担考评职责，成为考评单位；或是承担指标工作任务，从而成为被考评单位。

考评单位、被考评单位履行绩效管理职责情况将被纳入考评。例如：在总局机关组织绩效管理当中，履行对有关司局或者省税务局考评职责的司局作为考评部门时，其履职情况被纳入绩效管理，由绩效办负责考评。绩效办履责情况由领导小组负责监督管理。为此，考评司局要按时进行考评并将考评成绩录入信息系统，司局负责人要对指标得分表、绩效指标考评分析报告、加（减）分项目考评情况表进行审核并签字确认。

绩效联络员

各部门的绩效联络员要做到业精于勤，时刻掌握好本部门的绩效工作动态，完成好承担的各项具体绩效工作任务。

■ 指标分解定责

各部门分解承接上级指标的基本思路及方法与绩效办分解承接上级指标相同。

指标定责要按照“横向到边、纵向到底，任务到岗、责任到人”的原则，明确每一项指标的责任领导、责任部门和责任人。承接考评指标的部门要在绩效管理信息系统中进行指标定责。

机关共性指标定责

【操作流程】

（1）点选“绩效计划—指标定责—机关共性指标定责”，选择“考评年度”“方案名称”，点击“查询”。

（2）选中需定责指标，点击“定责”。

“填报单位”为“考评部门”的，选择“分管领导”“被考评部门”“被考评部门负责人”“主办责任人”，点击“保存”。

“填报单位”为“被考评部门+考评部门”的，选择“分管领导”“被考评部门”“被考评部门负责人”“流程类型”“填报人”，根据“流程类型”不同选择其他相关选项，填写完整后点击

“保存”。

【补充说明】机关共性指标定责可进行批量操作，但是填报方式不同的指标不能批量处理。

系统共性指标——被考评部门定责

【操作流程】

（1）点选“绩效计划—指标定责—系统指标责任部门定责”，选择“考评年度”“方案名称”，点击“查询”。

（2）选中需定责指标，点击“定责”。

“填报单位”为“考评部门”的，选择“主办责任人”，点击“保存”。

“填报单位”为“被考评部门+考评部门”的，选择“流程类型”，根据“流程类型”不同选择其他相关选项，填写完整后点击“保存”。

考评流程设置

【操作流程】

（1）点选“绩效计划—考评流程设置—共性指标考评流程设置”，方案类型选择“机关方案”，选择方案名称，点击“查询”。

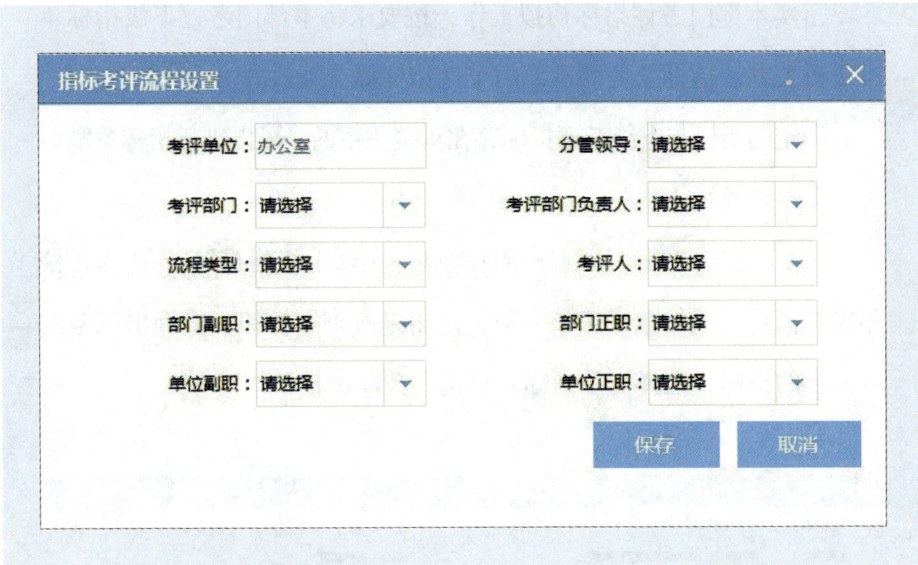

（2）在指标条目中选择一条或多条指标，点击“流程设置”，在弹出的考评流程设置页面中依次选择，完成后点击“保存”。

【补充说明】依据流程类型不同，审核流程不同，请按照实际需要选择。

流程类型A：考评人。

流程类型B：考评人—部门正职。

流程类型C：考评人—部门副职—部门正职。

所有指标条目的流程都设置完成后，点击“全部提交”，提交后不能更改，提交至绩效办启用。

■ 指标初拟

落实本部门考评指标初拟工作，按要求将本部门考评下级指标、本级机关共性指标及考评本部门个性指标提交绩效办。

制定的指标与上级考评指标存在承接关系的，可以进行指标关联。

【操作流程】

（1）点选“绩效计划—指标关联—关联上级指标”，选择考核年度、需要关联的上级考核方案，点击“查询”按钮，查询出该考核方案下的指标，选择一条指标，点击“关联指标”。

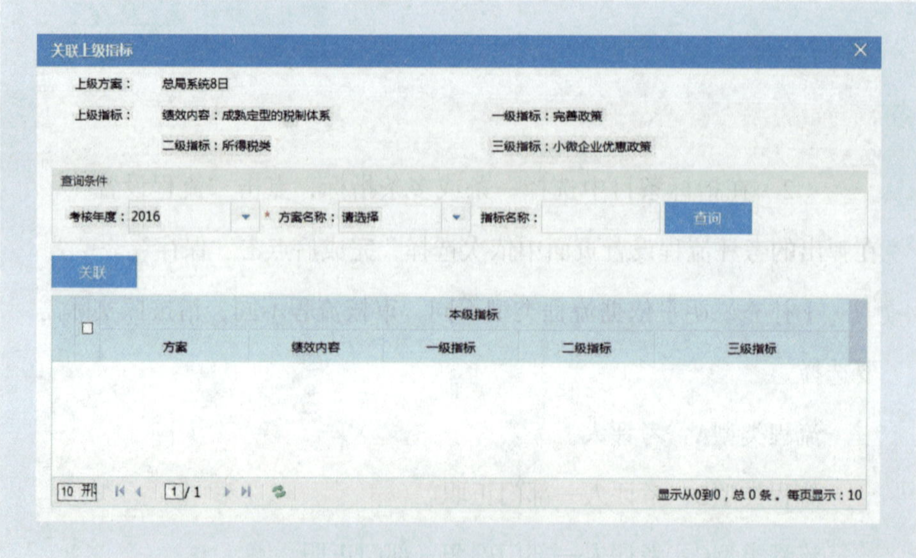

（2）在弹出页面内选择要关联指标的考核方案，点击“查询”，选择指标，点击“关联”，关联指标成功。

同一个本级指标不能关联不同的上级指标。

（3）查询。查看指标关联情况，点击“绩效计划—指标关联—上级指标情况”，选择考核年度和方案名称，点击“查询”即可。

■ 指标填报

要求从绩效管理信息系统填报资料的指标，按以下流程操作填报指标（其他需报送资料的指标按考评部门要求路径报送）。

【操作流程】

（1）点选“填报审核—需填报方案名称—指标填报”，选择“指标类型”，点击“查询”。

（2）选中需填报的指标，点击“指标填报”。

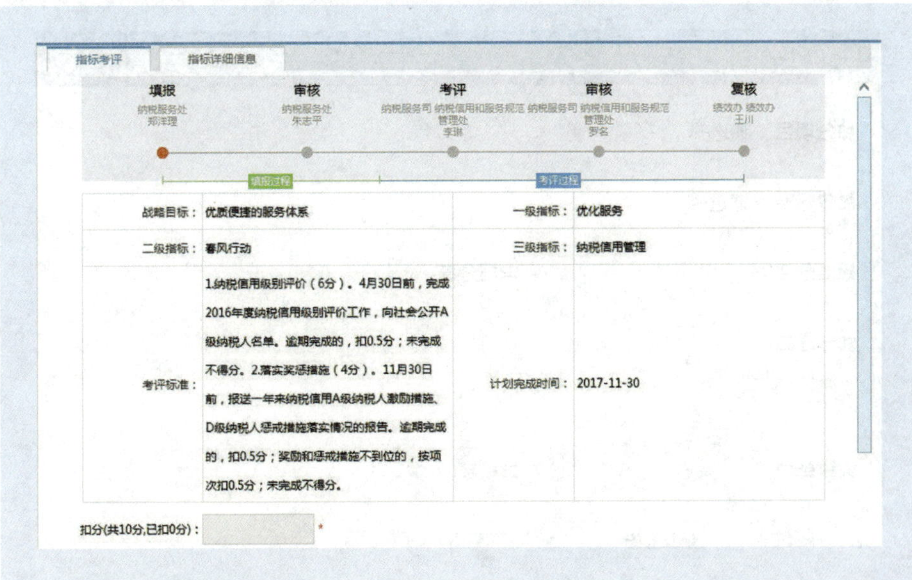

（3）填写“实际完成情况”，依据实际需要上传附件，点击“提交”。填写后可进行“暂存”，待修改完善后进行“提交”。

【补充说明】

（1）已到期指标显示在“待办工作”中，未到期指标显示在“全部工作”中，如需提前填报指标，请在“全部工作”中操作。

（2）指标填报不支持批量操作。

（3）上传附件单个文件大小不超过5MB，数量不限。

■ 加分申报

机关被考评单位按照本级机关加分项目要求申报加分项目。

【操作流程】

（1）点选“填报审核—需申报方案名称—加分申报”，点击“新增”。

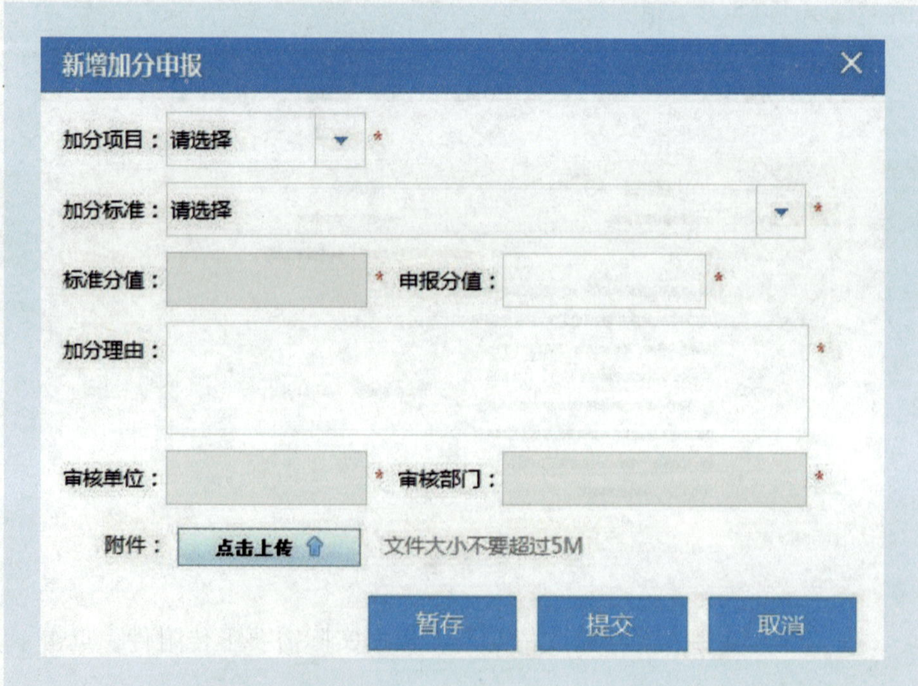

（2）选择“加分项目”“加分标准”，填写“申报分值”“加分理由”，点击“提交”。填写后可进行“暂存”，选择状态为“制定”的加分申报项目点击“修改”，可对相关内容进行修改完善，完成后点击“提交”上报。选择状态为“制定”的加分申报项目点击

"删除"，可删除所选加分申报项目。

（3）经本级绩效办审核同意加分的项目状态显示为"审核通过"，不同意加分的项目状态显示为"审核不通过"，需修改后重新提交的加分项目状态显示为"审核退回"。

（4）选择状态为"审核退回"的加分申报项目点击"修改"，可对相关内容进行修改完善，完成后点击"提交"上报。

【补充说明】状态为"提交""审核通过""审核不通过"的加分申报项目无法进行修改及删除，"审核退回"不能删除，只能修改和提交，状态为"制定"的加分申报项目可以删除。

■ 加减分提报

对不需要自行申报的加分项目及全部减分项目，由相关考评部门进行加减分提报。

税务总局对不需要司局或省税务局自行申报的加分项目，由负责该项加分项目审核的司局汇总审核并形成《绩效管理加分项目考评情况表》，经主要领导审核确认后，于月度终了后10日内提交绩效办复核，录入信息系统。

省税务局有减分项目的，由考评司局汇总审核，形成《绩效管理减分项目考评情况表》报主要领导审核确认，并于月度终了后10日内提交绩效办复核，录入信息系统。

在绩效管理信息系统中，加减分提报模块为考评单位直接给被考评单位加分或减分使用。

【操作流程】

（1）点选“考评打分—需审核方案名称—加减分提报”，点击“新增”。

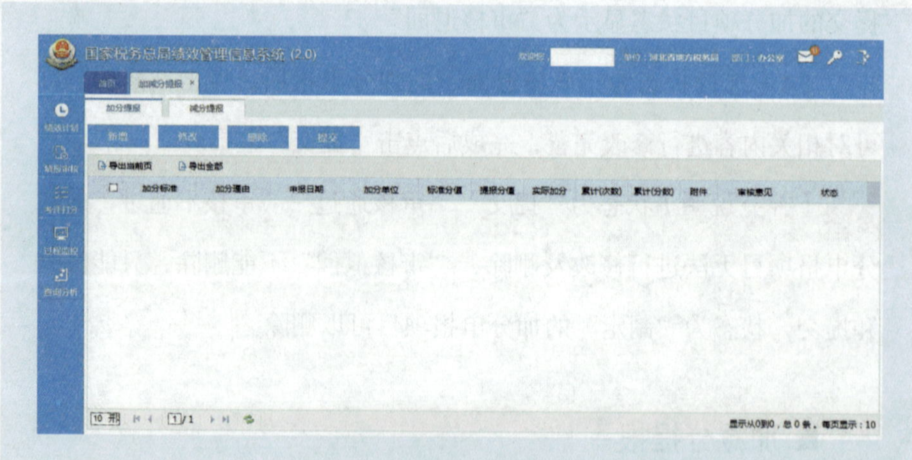

（2）选择“加分单位”“加分项目”“加分标准”，填写“提报分值”“加分理由”，根据实际需要上传附件，点击“提交”。

■ 指标考评打分

考评部门（单位）通过绩效管理信息系统对被考评部门（单位）绩效指标完成情况进行评分（除明确表述外，均以系统指标为例，下同）。

指标考评

【操作流程】

（1）点选“考评打分—需打分方案名称—指标考评”，选择“指标类型”，点击“查询”。

（2）选中需考评指标，点击“指标考评”。

（3）审核“实际完成情况”“填报附件”，填写“得分/扣分”“得分原因/扣分原因”，符合要求点击“提交”，不符合要求点击“退回”修改。填写后可进行“暂存”，待修改完善后进行“提交”。

指标考评批处理

【操作流程】

（1）点选“考评打分—需打分方案名称—指标考评批处理”，选择需处理指标，点击“打分”。

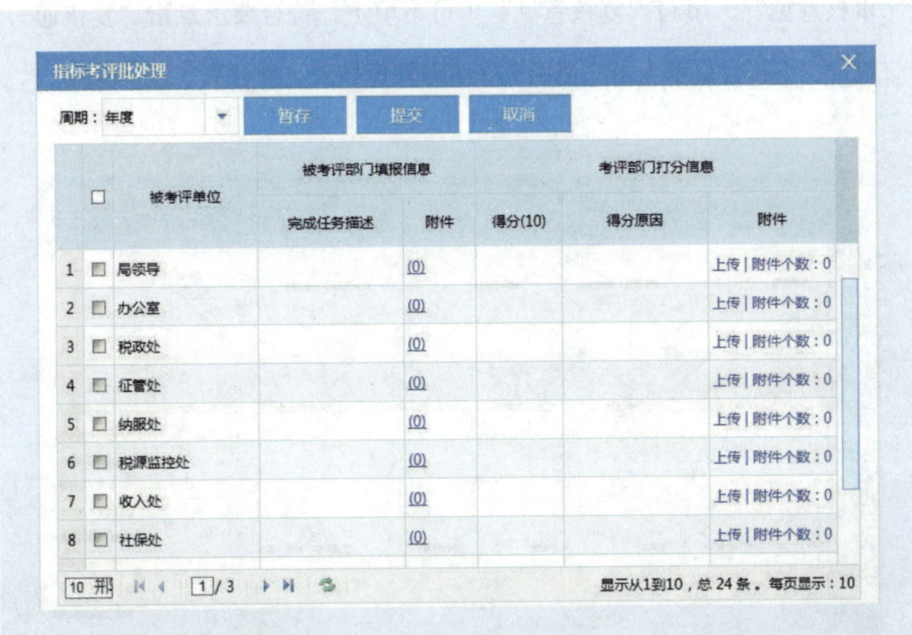

（2）选择“周期”，填写“得分/扣分”“得分原因/扣分原因”，点击“提交”。填写后可进行“暂存”，待修改完善后进行“提交”。

■ 考评复核（总局）

对于考评部门审核通过的指标进行复核，复核通过后考评部门的打分才生效。

【操作流程】

（1）点选“考评打分—需打分方案名称—考评复核”，选择指标类型，点击“查询”。

（2）选中需要复核的指标，点击“复核”。

（3）复核“附件”“得分/扣分”“得分原因/扣分原因”“考评审核意见”，填写“复核意见”（可不填），符合要求点击“复核通过”，不符合要求点击“退回”，由考评审核人（考评人）进行修改。

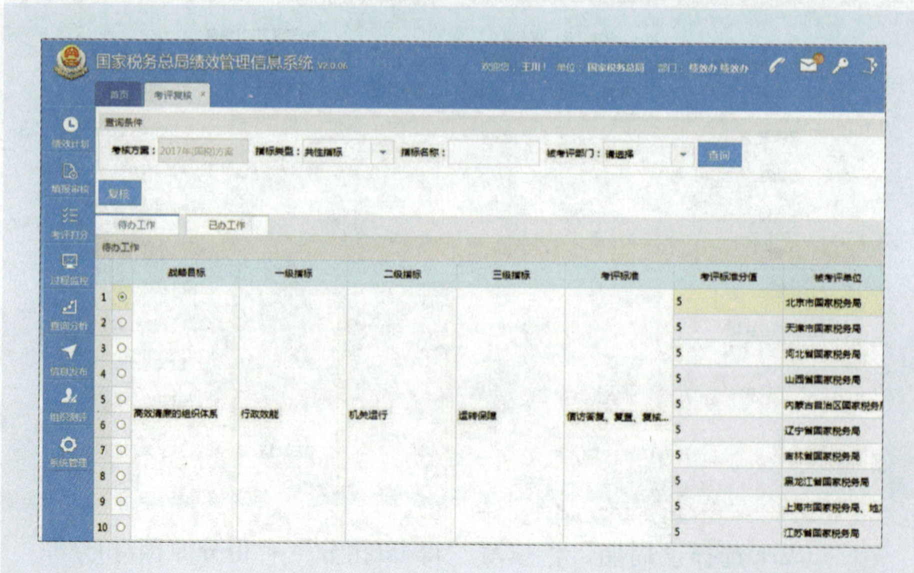

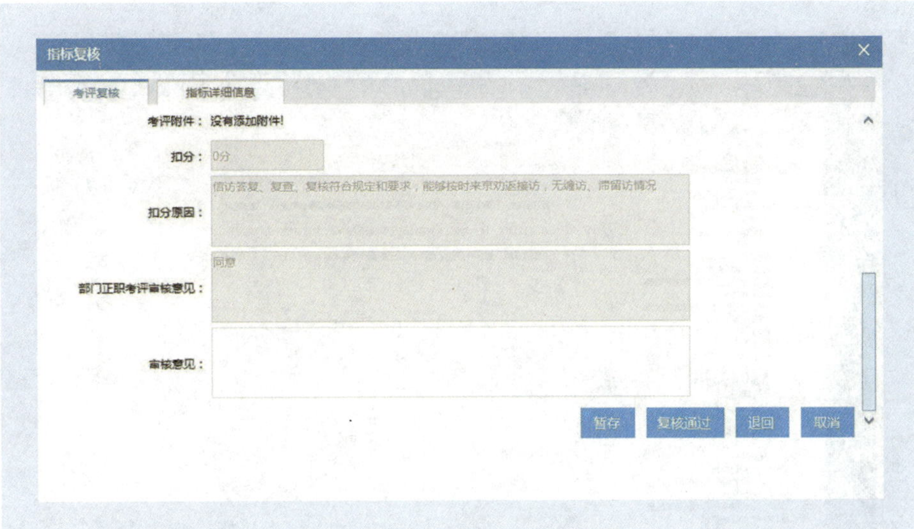

■ 共性指标考评复核批处理（总局）

对于考评部门审核通过的指标进行复核，复核通过后考评部门的打分才生效。

【操作流程】

（1）点选“考评打分—需打分方案名称—共性指标考评复核批处理”，点击需要复核的三级指标名称 。

（2）选择需要复核的考评标准，点击“复核”。

（3）复核“附件”“得分/扣分”“得分原因/扣分原因”“考评审核意见”，填写“复核意见”（可不填），符合要求点击“复核通过”，不符合要求点击“退回”，由考评审核人（考评人）进行修改。

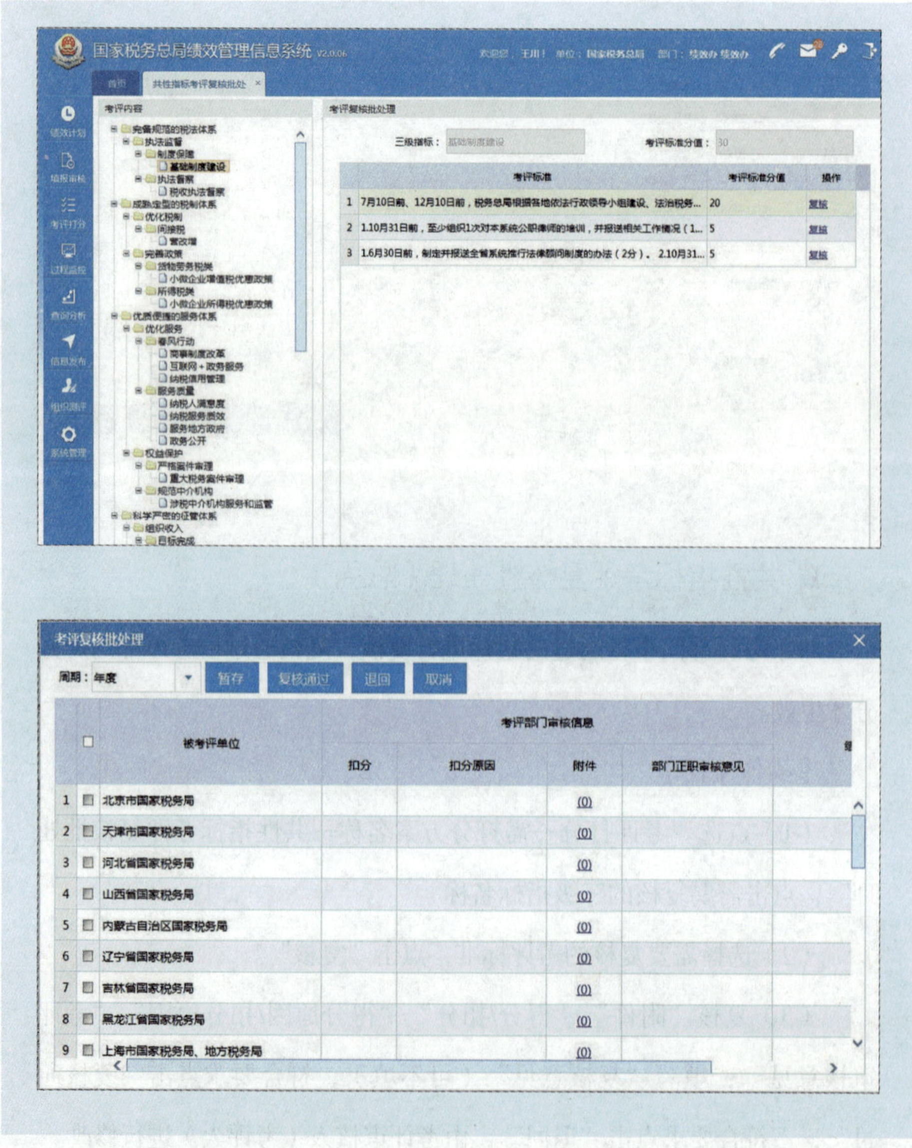

■ 加分审核

考评部门要对下级和本级单位申报的加分项目进行审核。

【操作流程】

（1） 点选“考评打分--需审核方案名称—加分审核”，点击

“审核”。

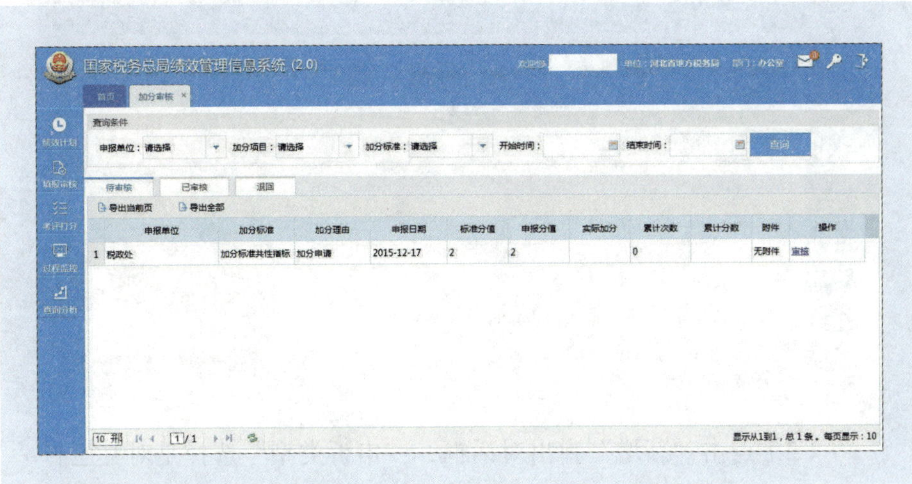

（2）审核加分申报内容，依据实际情况选择“同意加分”“不同意加分”或“退回”修改。填写“审核意见”，点击“保存”。可在“已审核”“退回”中查看相关加分申报审核情况。

■ 争议处理（申诉）

提起申诉

【操作流程】

（1）点击“绩效反馈”，选择“考评年度”“方案类型”“方案名称”，点击“查询”。

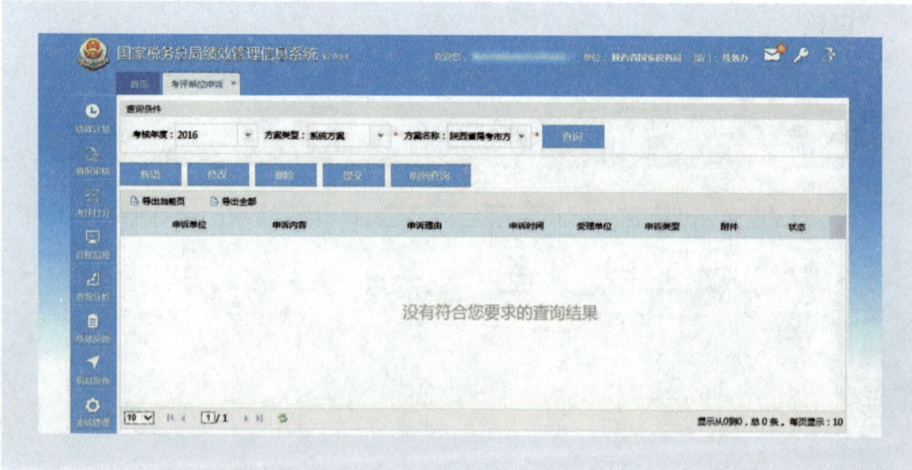

（2）点击“新增”弹出对话框，“申诉类型”选择是对其已打分指标或加减分申诉，填写申诉内容、申诉理由，选择受理单位，上传附件，点击“暂存”可以再修改，点击“提交”则无法修改。

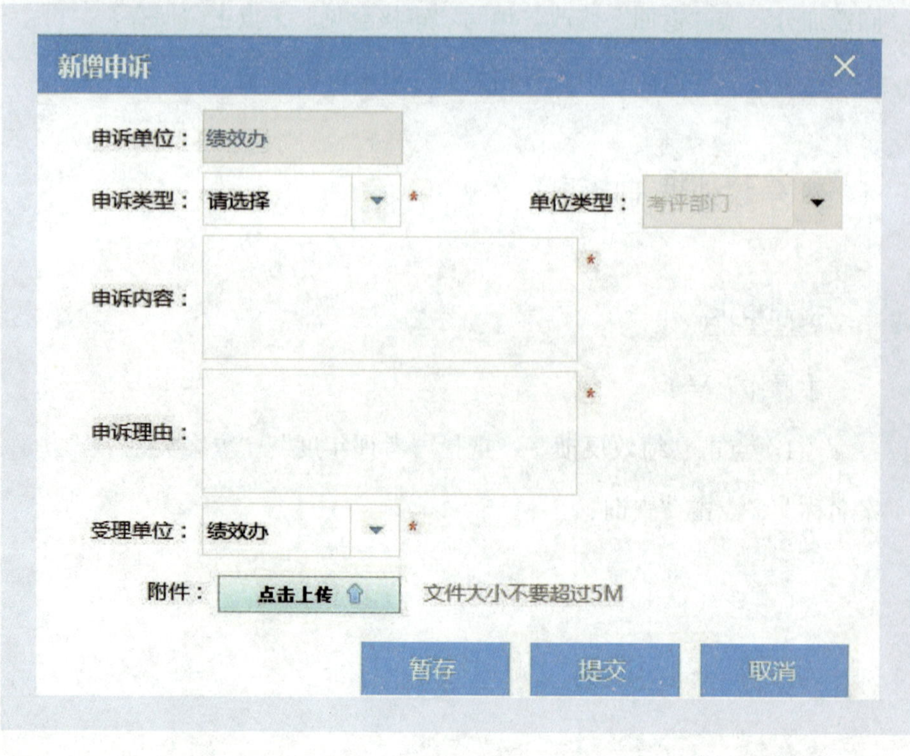

【补充说明】

（1）受理单位只能是绩效办，且不能进行二次申诉。

（2）附件大小不超过5MB。

审核被考评单位申诉

【操作流程】点选“绩效反馈—申诉审核”，选择审核方案，点击“查询”。查询出来的数据，点击“审核”，审核申诉内容，依据实际情况选择“同意”“不同意”或“退回”。填写“审核意见”，点击“保存”。

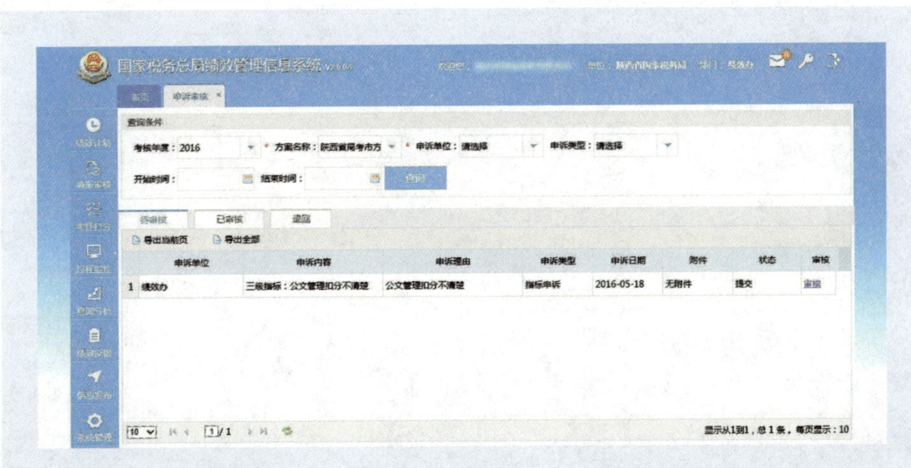

【补充说明】

（1）审核被考评单位提报：“退回”的申诉，可修改后再次提交至考评单位。“不同意”的申诉，可点选“二次申诉”，直接发至绩效办审核，绩效办不同意则为终审，不可再申诉。

（2）注意申诉流程为痕迹化管理需求，同意申诉并不直接修改已考评成绩，需由具有考评结果调整员角色的人员进行指标（加减分）分值更改。

■ 资料管理

绩效办、考评单位和被考评单位应及时整理绩效管理工作中的文件资料、制度办法、数据台账、会议纪要、分析报告、讲评材料、考评工作底稿、考评结果等相关材料，保证资料完整、数据真实，以备查验。

结果运用篇

绩效管理的生命力

强化考评结果运用

税务总局绩效结果运用

强化对领导班子成员的个人绩效考评

人事部门

机关党办

教育部门

其他部门

强化考评结果运用

批评百遍，不如较真一次。既然事先定了规则，就得按规则办。既然考了，就要动真格用好结果。

只有考实了，才能确保用得好；只有用好了，才能不断促进考实。这两个环节做实了，绩效管理才有生命力。

个人绩效考核结果要与个人职务晋升、评先评优等挂钩，各省局也要制定相应的办法来抓好兑现。

总局绩效办要一手抓顶层的制度改进，一手抓基层的结果运用，看看各级税务机关有没有运用、运用得是否规范、存在什么问题。要逐级传导压力，督促各级局都把考评结果用起来，使被考评者真正受到触动，群策群力把这项工作搞得更好。

——王军

年度绩效考评结果作为评价业绩、改进工作和激励约束的重要依据，主要运用于干部任用、年度考核、评先评优、其他运用等方面。

税务总局带头抓好绩效考评结果运用，并要求省、市、县局立足于不同层级的功能定位，与干部任用、年度考核、评先评优、其他运用等挂钩，注重调动组织和个人两个积极性，有针对性地运用好绩效

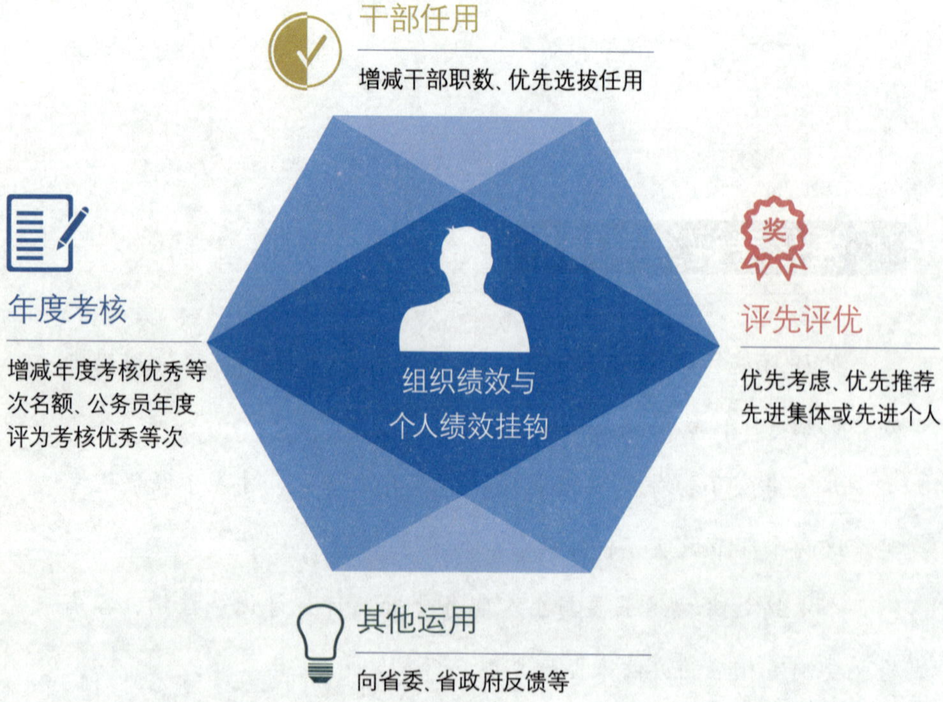

考评结果。人事、教育、机关党办等部门要坚决落实税务总局要求，主动扛起绩效考评结果运用的责任，按照挂钩原则抓好绩效考评结果运用。

税务总局绩效结果运用

税务总局机关是全国税务系统的“司令部”。绩效结果的公开、公正和公平运用，可以进一步浓郁“凭素质立身　靠实绩进步”的机关氛围，更好地强化立足岗位、敢于负责、勇于担当的良好形象，为全国税务系统作出表率、树立榜样。税务总局建立干部个人绩效档案，记录司局工作人员年度绩效考评成绩、考评结果等次等内容，绩效结果主要用于干部任用、年度考核、评先评优和其他运用。

干部任用

干部任用审核上两年及当年个人绩效考评成绩，坚持绩效考评成绩“五必看”，即“提拔必看”“转任必看”“调任重要岗位必看”“试用期转正必看”“推荐选拔后备干部必看”，进一步树立正确的用人导向。

动议环节提出意向人选的，在动议环节审核绩效考评成绩；动议环节未提出意向人选的，在确定考察对象之前审核。

司局年度绩效考评排名前两位的，在考评年度次年，各增加1个司局级职务晋升名额或1个处级职务晋升名额；排名末两位的，在考评年度次年，相应各减少1个司局级职务晋升名额或1个处级职务晋升名额。

司局年度绩效考评排名连续两年上升且累计上升位次最大的，在考评年度次年，增加1个司局级职务晋升名额或1个处级职务晋升名额；连续两年下降且累计下降位次最大的，在考评年度次年，相应减少1个司局级职务晋升名额或1个处级职务晋升名额。

司局年度绩效考评连续两年均排名末两位，且主要负责人在该单位任职两年以上的，认定其为不适宜担任现职，按照《推进领导干部能上能下若干规定（试行）》予以调整。

评先评优

税务总局机关评选先进集体或个人时，优先考虑绩效考评“第1段”的司局或工作人员。

参加中央党群和国家机关开展的评比表彰活动时，优先推荐绩效考评“第1段”的司局或工作人员。

年度考评

司局年度绩效考评排名第三位的，当年公务员年度考核调增1个“优秀”等次名额，相应调减排名倒数第三位的名额。

司局年度绩效考评排名连续两年上升且累计上升位次第二的，当年增加1个公务员年度考核“优秀”等次名额；连续两年下降且累计下降位次第二的，当年减少1个公务员年度考核“优秀”等次名额。

司局年度绩效考评未达到第1段的，当年公务员年度考核其主要负责人不能被评为“优秀”等次。

干部年度个人绩效考评成绩未达到第1段的，当年公务员年度考核不能被评为“优秀”等次。

其他运用

司局年度绩效考评位于第1段及连续两年上升且累计上升位次前两位的，在税务总局机关予以通报表扬。

司局年度组织绩效考评连续两年均位于第1段的，在考评年度当年，将该司局领导班子成员个人绩效第1段比例从40%提高到50%。

■ 省国税局绩效结果运用

省国税局绩效结果运用主要用于干部任用、评先评优、年度考核和其他运用。

干部任用

干部任用审核上两年及当年个人绩效考评成绩，坚持绩效考评成绩“五必看”，即“提拔必看”“转任必看”“调任重要岗位必看”“试用期转正必看”“推荐选拔后备干部必看”，进一步树立正确的用人导向。

动议环节提出意向人选的，在动议环节审核绩效考评成绩；动议环节未提出意向人选的，在确定考察对象之前审核。

干部转任（省国税局“三总师”转任副局长、副局长担任党组副书记）、调任重要岗位（主要指出于重用或培养考虑的干部交流）、推荐选拔后备干部，对上两年和当年均位于第1段的优先考虑。

省国税局年度绩效考评排名前两位的，在考评年度次年，各增加1个厅局级职务晋升名额；排名末两位的，在考评年度次年，相应各减少1个厅局级职务晋升名额。

省国税局年度绩效考评排名连续两年上升且累计上升位次最大的，在考评年度次年，增加1个厅局级职务晋升名额；连续两年下降且累计下降位次最大的，在考评年度次年，相应减少1个厅局级职务晋升名额。

省国税局年度绩效考评连续两年均排名末两位，且主要负责人在该单位任职两年以上的，认定其为不适宜担任现职，按照《推进领导干部能上能下若干规定（试行）》予以调整。

评先评优

税务总局评选或推荐税务系统各类先进集体和个人，对上两年和当年均位于第1段的优先考虑。

省国税局年度绩效考评排名前两位的，税务总局组织全国性综合类评选表彰项目时为其增加1个评先评优名额，相应减少排名末两位的名额。

年度考核

省国税局年度绩效考评排名第三位、第四位的，当年公务员年度考核各调增1个领导班子成员"优秀"等次名额，相应调减排名倒数第三位、第四位的名额。

省国税局年度绩效考评排名连续两年上升且累计上升位次第二的，当年增加1个领导班子成员公务员年度考核"优秀"等次名额；连续两年下降且累计下降位次第二的，当年减少1个领导班子成员公务员年度考核"优秀"等次名额。

省国税局年度绩效考评未达到第1段的，当年公务员年度考核其主要负责人不能被评为"优秀"等次。

干部年度个人绩效考评成绩未达到第1段的，当年公务员年度考核不能被评为"优秀"等次。

其他运用

省国税局年度绩效考评位于第1段及连续两年上升且累计上升位次前两位的，在税务系统予以通报表扬，同时由税务总局党组出具书面意见，肯定该省税务局领导班子及主要负责人的工作业绩并向省委、省政府反馈。连续两年均排名末两位的，由税务总局党组出具书面意见，向省委、省政府通报其在税务系统绩效考评情况。

省国税局年度组织绩效考评连续两年均位于第1段的，在考评年度当年，将该省国税领导班子成员个人绩效第1段比例从40%提高到50%。

■ 省地税局绩效结果运用

省地税局绩效结果主要用于评先评优和其他相关方面。

评先评优

税务总局评选或推荐税务系统各类先进集体和个人，对上两年和当年均位于第1段的优先考虑。

省地税局年度绩效考评排名前两位的，税务总局组织全国性综合类评选表彰项目时为其增加1个评先评优名额，相应减少排名末两位的名额。

其他运用

省地税局年度绩效考评位于第1段及连续两年上升且累计上升位次前两位的，在税务系统予以通报表扬，同时由税务总局党组出具书面意见，肯定该省税务局领导班子及主要负责人的工作业绩并向省委、省政府反馈。连续两年均排名末两位的，由税务总局党组出具书面意见，向省委、省政府通报其在税务系统绩效考评情况。

省地税局年度绩效考评排名末两位的，主要负责人向税务总局党组作出说明。

同时，税务总局各司局、各省税务局要认真研究分析年度绩效考评结果，提出有针对性的改进措施，提升组织绩效；强化履职能力学习培训，提升个人绩效，真正实现组织绩效与个人绩效的双轮驱动、齐头并进，推动税务绩效上台阶、创特色、树品牌。

小贴士

针对2015年度绩效考评结果，各级税务机关积极兑现，有效发挥了激励约束作用，助力税收改革发展。例如：税务总局对2015年度组织绩效排名前两位的北京市国税局、河南省国税局各增加选拔1名司局级干部，其中北京市国税局1名副厅级领导干部已晋升为青海省国税局局长，河南省国税局1名正处级领导干部已晋升为海南省国税局总审计师。对组织绩效排名末两位的云南省国税局、海南省国税局，2016年各减少1名内部产生的司局级干部，其中海南省国税局2016年不再补充本局内选任的副厅局级领导干部，减少云南省国税局2016年度厅局级非领导职务补充名额1名。湖北省国税局进入考察阶段的12名干部、广东省国税局拟提拔10名副处级领导干部，均为个人绩效“第1段”人员；浙江省地税局选拔的15名处级干部、重庆市地税局选拔的9名副处级干部、广东省地税局选拔的5名处级干部、青海省地税局选拔的1名处级干部和6名副处级干部，甘肃省地税局晋升的8名副主任科员和1名主任科员，均为个人绩效“第1段”人员。

此外，在公务员2015年度考核方面，34个省国税局、27个省地税局按照制度规定运用了绩效考评结果，公务员年度考核优秀等次人员从年度绩效考评达到“第1段”的人员中产生。在评先评优方面，26个省国税局、30个省地税局已有所运用，主要运用在评选省国税局“先进处室”“先进基层党组织”“先进个人”“省五四红旗团支部”“省直机关先进基层党支部”等方面。在批评约谈方面，12个省国税局、14个省地税局要求排名末位的机关处室或市国税局向省局作出书面说明，或是进行约谈，或是点名批评。

强化对领导班子成员的个人绩效考评

强化班子考评，将“一把手”的个人绩效与本单位的组织绩效全面挂钩，将班子成员的个人绩效既与分管部门和联系点的组织绩效挂钩、又与本单位的组织绩效挂钩，促进领导干部这个“关键少数”以上率下，尽心尽职抓落实。

——王军

■ 税务总局机关

税务总局总师

税务总局总师绩效考评得分=个人绩效成绩＋分管（协管）司局和联系点组织绩效排名成绩

个人绩效成绩=［分管司局组织绩效成绩平均分÷1000×100（分）×70%＋协管司局组织绩效成绩平均分÷1000×100（分）×30%］×70%＋联系省国税局组织绩效成绩平均分÷1000×100（分）×15%＋联系省地税局组织绩效成绩平均分÷900×100（分）×15%

如没有协管司局，则协管司局成绩所占分值权重并入分管司局成绩所占分值权重。

分管（协管）司局和联系点组织绩效排名成绩=分管（协管）司局组织绩效排名成绩＋联系省国税局组织绩效排名成绩＋联系省地税局组织绩效排名成绩

半年考评中组织绩效成绩排名后三名的单位，对分管（协管）和联系该单位的领导分别预减1分（倒数第一名）、0.5分（倒数第二名）、0.2分（倒数第三名）。在计算年度成绩时，如该单位仍在后三名，上述预减分生效；如该单位不在后三名，上述预减分取消。

司局主要负责人

司局主要负责人个人绩效成绩=本司局的组织绩效成绩×100%

司局副职

司局副职个人绩效成绩=本司局的组织绩效成绩×40%+工作努力程度×60%+加分项目–减分项目

■ 省税务局

省税务局主要负责人

省税务局主要负责人绩效考评得分=个人绩效成绩＋组织绩效排名成绩

个人绩效成绩=省税务局组织绩效成绩÷对省税务局设定的考评指标标准分值×100（分）×100%

其中，对省国税局设定的考评指标标准分值为1000分，对省地税局设定的考评指标标准分值为900分。

组织绩效排名成绩为所在省税务局组织绩效排名成绩，计算方法与税务总局总师联系点组织绩效排名成绩的计算方法一致。

省税务局副职

省税务局副职绩效考评得分=个人绩效成绩＋组织绩效排名成绩

个人绩效成绩=省税务局组织绩效成绩÷对省税务局设定的考评指标标准分值×100（分）×30%+［分管处室组织绩效成绩平均分÷对省税务局机关处室设定的考评指标标准分值×100（分）×70%＋协管处室组织绩效成绩平均分÷对省税务局机关处室设定的考评指标标

准分值×100（分）×30%］×20%+联系点组织绩效成绩平均分÷对联系点设定的考评指标标准分值×100（分）×10%+工作努力程度成绩×40%+加减分项目成绩

如没有协管处室，则协管处室成绩所占分值权重并入分管处室成绩所占分值权重。没有分管处室和联系点的省税务局副职，按省税务局其他副职该部分成绩的平均分值计算。

组织绩效排名成绩=省税务局组织绩效排名成绩+分管（协管）处室组织绩效排名成绩+联系点组织绩效排名成绩

省税务局组织绩效排名成绩、分管（协管）处室和联系点组织绩效排名成绩的计算方法，与税务总局总师分管（协管）司局和联系点组织绩效排名成绩的计算方法一致。

副省级城市税务局主要负责人

副省级城市税务局主要负责人绩效考评得分=个人绩效成绩+组织绩效排名成绩

个人绩效成绩=省税务局组织绩效成绩÷对省税务局设定的考评指标标准分值×100（分）×30%+省税务局对其所在单位考评的组织绩效成绩÷省税务局对其所在单位设定的考评指标标准分值×100（分）×30%+工作努力程度成绩×40%+加减分项目成绩

组织绩效排名成绩=省税务局组织绩效排名成绩+省税务局对其所在单位考评的组织绩效排名成绩

省税务局组织绩效排名成绩和省税务局对其所在单位考评的组织绩效排名成绩的计算方法，与税务总局总师联系点组织绩效排名成绩的计算方法一致。

人事部门

对个人绩效考评结果建立档案，把“优秀”和排在后几名的成绩都要装进干部档案。办公室和人事部门一起研究结果运用办法，对评先评优、干部提职，制定一套办法、一套措施、一套程序、一套表格，报省局党组研究。

——王军

人事部门是重要的结果运用部门，人事部门负责人要和办公室部门加强合作，落实局党组有关绩效考评结果运用的要求，对如何运用考评结果为局党组当好参谋助手，特别是要对评先评优、干部提职等，按既定规则办事，保证运用规范、运用到位。逐级传导压力，督促各级各部门都把考评结果用起来，使被考评者真正受到触动。

建立个人绩效考评结果档案，研究绩效考评结果运用办法，明确用于评先评优、干部提职的措施、程序，规范用好绩效考评结果。

要在各类领导干部培训中将绩效管理作为教学内容，并纳入绩效考评。

机关党办

机关党办在机关各类评先评优中，要落实好局党组有关绩效考评结果运用的要求。

教育部门

教育部门在系统各类评先评优中，要落实好局党组有关绩效考评结果运用的要求。要在各类领导干部培训中将绩效管理作为教学内容，并纳入绩效考评。

其他部门

其他部门也要重视绩效结果运用，应根据全年绩效考评结果，认真总结绩效指标执行情况及成效，分析问题及原因，并将改进措施纳入下一年度绩效计划。同时，加强绩效文化建设，让绩效管理理念入耳入脑入心，使广大干部充分认识到推行绩效管理的必要性和紧迫性，努力形成最大程度价值认同和绩效自觉，确立共同追求，提高团队凝聚力，在全系统营造出人人讲绩效、事事求绩效的良好氛围，促进绩效管理从“固化于制”到“内化于心”。

后 记

2013年以来，国家税务总局深入贯彻党的十八大、十八届三中全会关于“创新行政管理方式”“严格绩效管理”的精神，认真落实国务院关于“推行绩效管理制度”的部署，积极探索推行绩效管理。按照“三步走”工作部署，2016年是税务绩效管理“创品牌”之年，为进一步营造浓郁的绩效文化氛围，深入推进绩效管理长远发展，税务总局办公厅组织编写了《税务绩效管理工作手册》（共三册）。2017年，税务绩效管理平滑平稳升级为5.0版，我们又对相关内容作了完善。

本册《管理者做什么——税务绩效管理领导组织推进手册》从“做什么”的角度出发，侧重于介绍领导干部和有关部门的税务绩效管理操作要求，分为决策部署篇、领导班子篇、绩效机构篇、责任部门篇、结果运用篇五篇。本册书按税务绩效管理角色分工来编写，在角色分工之中又注意区分不同的流程，来反映各级党组、绩效管理领导小组、绩效考评委员会、考评部门、被考评部门和各级领导班子“一把手”、绩效管理分管领导、其他副职以及绩效办主任、人事部门负责人等，在推进绩效管理各环节中所承担的责任以及应做的工作。

本书在编写过程中，得到了国家税务总局领导的关心和指导，王军局长多次提出明确要求并亲自作序，王陆进总会计师担任主编并多次主持会议研究审定相关内容；有关司局和省税务局给予大力支持，确保了本书如期付梓。

由于时间仓促，加之编者水平所限，书中不足和疏漏之处在所难免，恳请读者批评指正。

编　者

2017年3月